# TikTok
# 爆款攻略

紫云　著

天津出版传媒集团

天津科学技术出版社

**图书在版编目（CIP）数据**

TikTok爆款攻略 / 紫云著. -- 天津 ：天津科学技
术出版社，2024. 12. -- ISBN 978-7-5742-2547-3

Ⅰ. F713.365.2

中国国家版本馆CIP数据核字第2024G77M57号

---

TikTok爆款攻略

TikTok BAOKUAN GONGLÜE

责任编辑：刘　磊

出　　版：天津出版传媒集团
　　　　　天津科学技术出版社

地　　址：天津市西康路35号

邮　　编：300051

电　　话：（022）23332695

网　　址：www.tjkjcbs.com.cn

发　　行：新华书店经销

印　　刷：天宇万达印刷有限公司

---

开本 670×950　1/16　印张 12　字数 105 000

2024年12月第1版第1次印刷

定价：49.80元

## 掌握TikTok爆款密码

在当今这个数字化的时代,信息传播的速度和广度已经达到了前所未有的高度,短视频平台的兴起更是彻底改变了人们获取信息、分享生活及进行商业推广的方式。TikTok,这个由中国字节跳动公司推出的短视频平台,自面世以来,以其独特的内容呈现和快速流行的方式,迅速成为全球最受欢迎的社交媒体平台之一。从美国到欧洲,从亚洲到非洲,TikTok的用户数呈现飞速增长的趋势。短短几年内,其全球下载量便突破了40亿次,这一数字背后蕴藏的商机不言而喻。

TikTok不仅是一个娱乐平台,还是一个充满无限商业潜力和发展机会的黄金平台。在这个平台上,无论是大型企业、初创公司,还是个体内容创作者,都能找到自己的定位,并通过精准的内容营销与用户产生深度互动,从而快速扩大品牌影响力,实现商业价值的最大化。

　　TikTok的成功绝非偶然，其背后是一套高度智能化的算法推荐机制和极具吸引力的内容分发逻辑。它可以在短时间内，将优质内容推送给可能感兴趣的用户，从而实现爆款内容的迅速传播。但是，TikTok的内容生态与传统的社交媒体有本质的不同，如何在短短几秒钟内勾起用户的兴趣，并让他们产生共鸣，是每一个内容创作者和营销人员面临的重大挑战。因此，深刻理解TikTok的内容生态，掌握其流量分发机制，以及熟悉平台的各种玩法和技巧，成为在这个平台上脱颖而出的关键。

　　本书正是基于此需求而诞生的。作为一本专注于TikTok内容创作与营销的指南，本书将带领读者深入了解TikTok的运作原理，从平台的基础设置到内容的创意设计，从流量的获取策略到商业化变现的路径，对每一个环节进行详细的解析。无论你是刚刚接触TikTok的新手，还是已经在该平台上积累了一定经验的资深用户，本书都将为你提供有价值的见解与实用的操作建议。

　　首先，本书从TikTok的发展历程和平台的基本特性入手，帮助你全面认识这一现象级软件的独特之处，并深入探讨如何在TikTok上创建和运营个人或品牌的账号。

其次，本书将详细讲解有关流量的奥秘和赛道的选择，带你玩转TikTok短视频和直播，不断优化内容策略，提高用户黏性和参与度。数据驱动的内容创作是TikTok成功的核心，本书将提供一系列实用工具和方法，帮助你掌握这一技能。此外，本书还将探讨如何通过广告植入、短视频带货等多种方式，实现内容创作的商业变现。

最后，本书还将涉及国际化运营的相关内容，包括应对不同地区用户的文化差异，调整内容策略以适应全球化的需求，等等。

只要你能够认真研读本书的每一个章节，并将书中的方法和技巧灵活运用到实际操作中去，你一定能够在TikTok的浪潮中脱颖而出，成为真正的赢家。让我们一起踏上这段探索TikTok的旅程，解锁属于自己的"爆款密码"！

# 目录 CONTENTS

# 第1章

# 揭开TikTok的面纱

# 01 知己知彼——
何为TikTok？

　　"嘀、嗒、嘀、嗒……"听到这个声音，也许你的脑海中会浮现出钟摆正在有规律摆动的画面，这也正是时下非常火热的短视频软件TikTok名称的由来。它就是海外版的抖音。

　　这个平台由中国字节跳动公司在2016年推出。TikTok涵盖的领域非常广泛，美妆、宠物、生活日常、音乐舞蹈等一切能够被摄制、剪辑出来的，都可以成为TikTok平台上的作品。而作品的时长也很短——仅仅是钟摆摆动几下，一般为15秒到3分钟。而这些短视频，也是由使用TikTok的用户自己制作的。在TikTok平台上，没有绝对的内容创作者和欣赏者，只要你愿意发布点儿什么，你就能获得一些关注。就是这样一个对创作者友好且内容丰富的平台，吸引了全球各个年龄段的用户。

　　关于TikTok，在网络上搜索得到的信息一定比上面所说的要多。但如果我们想把TikTok当作自己的事业发展平台，就要更严肃且深入地去分析它，我们要追问这样一个问题：TikTok的本质是什么？换言之，是什么让人们选择了TikTok？

　　这就涉及TikTok的核心特色——高度个性化的推荐系统，这个系统能够根据用户的浏览和互动历史推荐短视频，从而做到精准推送，更能讨好观众口味。这个系统的主要原理是大数据分析，每个用户对短视频的互动，包括点赞、评论、分享及观看时长都会作为算法的部分条件。同样，如果一个用户对使用了某类音乐或标签的短视频表现得感兴趣，那么在一段时间内，同类型的短视频会被非常频繁地推荐给该用户。TikTok每隔一段时间就会有"某某挑战"活动流行，用户也乐于重复观看这种娱乐性强的短视频模式，因此，这可以视作TikTok这个市场的"风口"。想要通过生产短视频获得流量，记住这点非常重要。

　　此外，相较于抖音，TikTok的国际性使得用户的设备类型、语言偏好、所在地区等信息也成为重要的推荐要素。这可以帮助不同国家的人看到自己熟悉的内容。但事实证明，由于人们的猎奇心理，网络用户对非母语国家的内容同样很有兴趣。对于想要不断拓宽市场的短视频创业者来说，TikTok显然比抖音具有更高的包容度。

　　TikTok的核心用户群体主要是青少年和45岁以下的成人，尤其是Z世代群体（通常是指1995年至2009年出生的一代人）。这一群体对于新兴社交媒体平台的接受度较高，喜欢通过短视频分享自己的生活、兴趣和创意。近年来，包括老年人在内的广泛年龄层次用户的加入也证明了人脑就是善于偷懒的，对轻松且刺激眼球的娱乐内容有着巨大需求。并且，只要一个家庭中有一人使用TikTok，其他人也愿意通过这个平台探索内容、表达自己或与家人朋友互动。因此，TikTok一定会在很长一段时间内保持自己在短视频及社交平台上的地位。

　　如果再考虑到地理要素，TikTok在全球多个国家和地区都拥有庞大的用户基础，包括美国、东南亚、欧洲等，这意味着其用户画像跨越了多种文化和语言。谁都无法准确预测，你的短视频究竟会被哪国人看到，你的产品会被哪个地区的人所喜爱。再加上TikTok用户的超高活跃性，他们不仅频繁浏览和观看内容，还积极参与评论、点赞、分享短视频，因此，在TikTok平台上，一个内容生产者几乎拥有"无限可能"。

　　艺术家安迪·沃霍尔曾提出"15分钟定律"，即"在未来，人人都有可能成为15分钟的明星"。如今的TikTok惊人地印证了这个预言的准确性。TikTok能够快速地将同一份内容发送到不同用户手中，甚至不需要用户做打开的动作，也无须等待广告。一个内容足够吸引眼球的短视频，几天之内就能传遍整个

互联网。

在获得巨额流量之后，流量持有者就将获得自己在互联网上的身份标签，将有许多广告商找到他，趁着东风将广告像蒲公英种子一样播撒出去。有人的地方就有流量，有流量的地方就有变现的可能，这就是运作TikTok的核心规则。

如果你准备好了接住这"15分钟"的机会，那么，我们马上开始玩转TikTok之旅。

# 02 扫除盲点——四个不得不选择TikTok的理由

在探讨为何选择TikTok之前，我们需要深入了解这个平台的特点及其在市场中的优势。美国市场营销专家菲利普·科特勒在《营销管理》一书中，为市场营销提出过一句非常著名的定义：市场营销是企业为从顾客处获得利益回报，而为顾客创造价值，并与之建立稳固关系的过程。

浏览TikTok，就是经历一次又一次内容直接"怼"到你面前的过程，你无法预测会收到什么样的内容和信息，但这里面一定有你想要的。

如果你也感到国内电商市场的饱和，想做跨境电商；或是觉得国内抖音平台同质化太严重，想到海外去发展自己的观众和人脉；又或是单纯地听到别人说TikTok跨境电商好做，也想去

试试水……在你萌生这些想法的时候，你就需要有几个让你不得不选择TikTok平台的理由，帮助你尽快迈出第一步。

## 1. 数以亿计的用户

TikTok作为一个全球性的社交媒体平台，已经在全球范围内积累了数以亿计的用户。根据知名数据机构Statista发布的报告，截至2024年初，TikTok在全球已经拥有超过20亿的注册用户，并且有超过15亿的每月活跃用户。无论你的目标市场在哪个国家或地区，TikTok都提供了一个巨大的用户基础，能为你的产品或服务提供广阔的推广渠道。比如，中国的一家化妆品品牌打出了独特的少女华丽风招牌，并且通过制作有趣、引人入胜的化妆教程短视频，在TikTok平台上吸引了大量的年轻用户，一些著名女星还主动使用其产品并合照。这家化妆品品牌曾在国内被指责"塑料感重""廉价""不如大牌产品"，但在海外却能"一夜爆火"，这其中很重要的原因就是它把目光放在了对自己的产品接受度更高的人群上。

## 2. 年轻、有创意的用户群体

TikTok的主要用户群体是年轻人，特别是年龄在10~30岁的用户。这个用户群体具有创意性强和活跃度高的特点，他们对新鲜、有趣的内容有着极大的兴趣。通过在TikTok平台上发布创意性的营销内容，产品可以更好地吸引年轻一代的消费者，建立品牌认知度和忠诚度。愿意来看这本书且想要走出国门闯一闯的人，本身就具有年轻的心态，对外网也有更好的网感，这点非常重要。你不需要费尽心思揣摩观众到底爱看什么，只需要从自己的角度出发——自己爱看什么，大概率你的目标对象就爱看什么。这样创作出来的短视频，不仅是符合用户口味的，更是融入创作激情的，这会让你在TikTok平台上的发展越来越有趣、顺畅。

## 3. 丰富多样的内容创作工具和功能

TikTok自带的内容创作工具和功能十分丰富，让用户可以快速上手制作各类短视频。更为关键的是，在此类短视频软件发展的初期，能火起来的还是一众"技术流"短视频，但发展到现在，技术反而成为最不重要的东西，把握观众的爽点和期待点，就能够在短时间内迅速积累大量的曝光度和用户互动量。举个例子，某健身品牌的官方账号经常在TikTok平台上发布健身挑战活动，这不需要太高的制作成本，但引流效果非常好，观众都愿意来打卡；并且，只要给予一些小奖励，就可以让挑战者在短视频中植入产品的宣传信息。这样一来，产品的曝光度就大大提升，还能进一步激发观众的购买欲望，一箭双雕。

### 4. 独特的推荐算法

与绝大多数短视频软件的推送机制类似，TikTok也会根据你在短视频里打的标签、你所在的地域、你参与的话题与挑战、你可能认识的人等要素把你的短视频推送出去。但作为一个全球化的软件，TikTok会优先根据国家和地域推送短视频。如果你想在美国做电商，那么，在做这个账号的初期，你暂时可以不用考虑亚洲人的口味。你想要"出圈"，就必须在你所在的领域里把知名度打响。并且，中国人如果想走出国门做生意，最好是去一些有能力购买文化消费品的国家或地区。

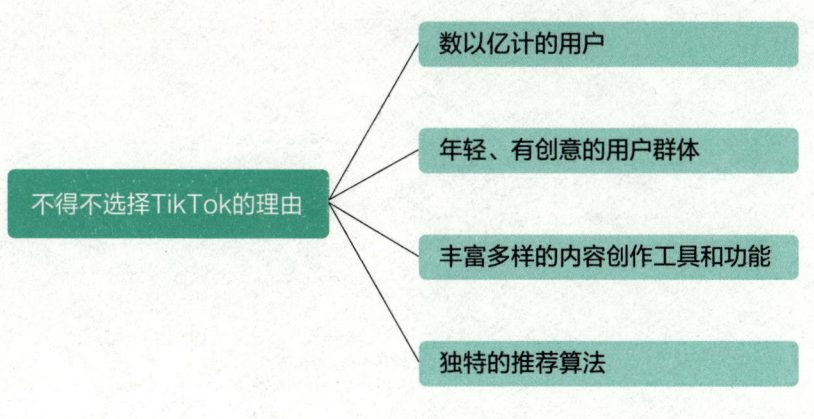

图1-1

　　总之，TikTok作为跨境电商推广平台具有很大的优势和潜力，通过充分利用其全球化覆盖、年轻化用户群体、强大的内容创作和传播能力及个性化推送算法等优势，企业可以在TikTok平台上实现品牌的快速成长和市场的持续扩大，实现更大的商业价值和市场影响力。

# 03 正值风口——危险与机遇并存的TikTok

　　在如今这个数字化时代，社交媒体平台的崛起已经改变了商业和营销的游戏规则。

　　2015年，中国创业界有一句非常出名的话："站在风口上，猪都会飞。"我们谈论TikTok，必然要先谈论这个软件的"风口"何在，但本书不想以夸夸其谈的姿态告诉读者：赶紧站到 TikTok的风口上吧，站上去就能挣钱！这是极其不负责任的。并且，这句话在当时也遭到了其他商业大亨的反驳，比如有人就表达了这样的观点："猪碰上风也会飞，但是风过后猪会摔死。我们要思考怎么把控风、怎么提升自己，不应该去寻找风口，而应该把自己变成有一点点风就能够飞起来、能够翱翔的人。"

这两种说法，我们应当各取其长。勇敢的人，站上风口就有可能飞起来，但他如果不清楚其中的代价，就随时都有可能前功尽弃。因此，一方面，我们要把握风口；另一方面，我们要提前认识到其中涌动的暗流。

正如前面一节中提到的那样，截至目前，TikTok的全球注册用户数量已经突破了20亿，覆盖了150多个国家和地区。并且，这个软件的用户增长速度非常迅猛，尤其是在年轻人群体中的受欢迎程度持续攀升。特别是在美国和英国等国家，TikTok的用户数量和渗透率持续增加。很多世界知名的品牌，也在TikTok平台上发起了许多活动。年轻人有活力，很愿意去参与一些新活动、新模式，这有助于品牌推广在全球范围内进行。并且，中国人想要在这个平台上做跨境电商，能更多地利用信息差，让其他国家的人买到我们国家生产的物美价廉且新奇的产品。

但是，在入行之前，我得先带你在之后可能遇到的浪潮中走一遭。现在，我用一个简单有趣的小故事提醒你应当注意的各种风险，这个故事的名字叫作"TikTok平台上的卖货灾难"。

假设有一个叫小杰的年轻人，他雄心勃勃，自认为在TikTok平台上卖货是稳赚不赔的。他信心满满地把一堆衣服、首饰、日常用品全放上去，准备做大买卖。但是，他没考虑到这世上还有叫作风险的东西。

## 1. 风险一：平台政策风险

小杰为了让短视频更能留住观众，把一部盗版电影的片段当成广告放了上去，结果可想而知，账号瞬间被封，连宣传都没来得及做。从此他明白了一个道理：要是你不想被TikTok封杀，就老老实实遵守规矩。

## 2. 风险二：激烈的竞争

说实话，竞争可不是好玩的事情。小杰一开始还以为自己的产品独一无二，结果一看，原来别人也卖着一模一样的东西，甚至是同一个供货商！这种竞争产生的影响巨大且持久，让小杰"一家独大"的幻想迅速破灭。

## 3. 风险三：不稳定的流量

紧接着，他还发现，他的账号流量很不稳定。小杰以为他的短视频能一直火爆，结果一夜之间就像换了个天，他的短视频掉到了最底层，几乎无人问津。如果把握不住TikTok流量的奥秘（关于这一点，第四章会介绍），谁也不知道下一秒会发生什么。

## 4. 风险四：跨境销售风险

小杰觉得只要把东西放上去，就能秒杀所有竞争对手。结果却是，许多平台用户觉得他夸夸其谈，都不信任他。小杰的一个信心来源，就是在国内向别人推荐产品时总是自信地吹嘘，在别人还没有意识到事情有什么不对劲的时候，就已经完成了交易。但TikTok平台的逻辑不是这样的，用户有大把大把的时间来看他的详情页面，挑他产品的毛病，如果用现实推销的思维去做电商，终究是要吃大亏的。至于售后服务，就更别提了，因为前期没有做好物流调查，很多发到海外的快递，其运输费甚至比产品本身还要贵，以至于小杰甚至都无法收回货品止损。

## 5. 风险五：虚假流量和评论

小杰的失败来得如此迅速和惨痛，有一个重要原因，那就是虚假流量和评论。虽说在商言商，但做买卖也必须要有道德。小杰以为他能通过购买流量和评论让自己的产品看起来很火爆，但TikTok用户早已练出一双"火眼金睛"。很快，小杰连亏损都谈不上了，因为他的账号被用户打入了"冷宫"。

这里想要特别强调一下，虚假流量和评论可能会给你的TikTok账号带来的不良影响。做生意的过程中，信誉度是很重要的，TikTok这种社交媒体平台本身也是商业行为，会采取措施来检测和惩罚虚假流量及操纵行为。如果你的内容在推荐算法中的排名下降，你就很难获得更多的流量。这就造成一个连锁反应：虚假流量和评论导致观众感到困惑或不信任——系统检测到观众与短视频的互动并不优质，就会少给流量或推荐不精准——观众的参与度和互动越来越少——成交率低，账号基本上很难东山再起。如果你为了控制成本，买第三方"水军"，违反TikTok的社区准则和使用条款，被平台发现后，可能会导致你的账号受到封禁或其他处罚。如果你的商品是一个在国内已经有一些知名度的品牌，但在TikTok平台上遭遇了这种处罚，那么品牌形象也可能连带着受损，得不偿失。

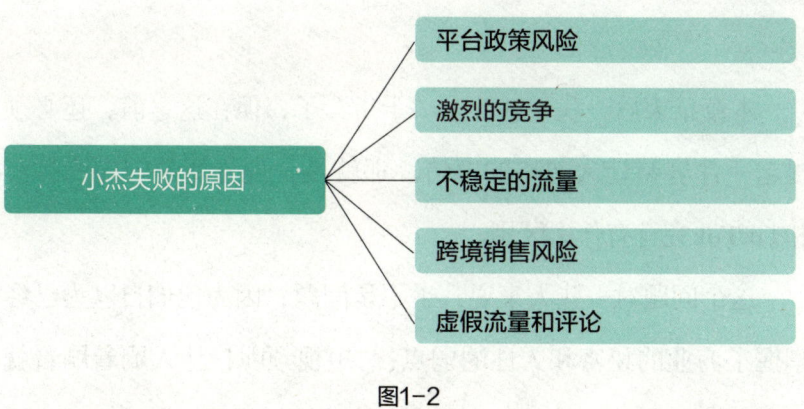

图1-2

在TikTok平台上做生意不是简单的事情。平台政策风险、激烈的竞争、不稳定的流量、跨境销售风险、虚假流量和评论……你得时刻警惕这些风险，否则，就极有可能被TikTok平台上的风暴吹跑。

# 04 把握细节——抖音和 TikTok的微妙区别

　　本章结束后，我们就要上"干货"了，但在这之前，还必须提起一件容易让人忽略的事情。那就是，先弄清楚国内的抖音和TikTok究竟有什么区别。

　　这个问题对一些人来说几乎不是问题，因为他们自以为已经掌握了商业的秘密和人性的弱点："短视频呗！让人刷着刷着就上瘾了，只要找到攻略，对着抄不就行了？"诚然，TikTok的主要内容形式和抖音一样，都是短视频和直播，但抱有这种想法的人，对于接触境外电商或TikTok，只能算是一个初学者。我们在看问题时，不能只看到表面，而要去深入思考，如果抖音和TikTok一模一样，只是面向的人群不同，那为什么有些在抖音上搞得风生水起的品牌，在国内很容易变现的流量，到TikTok平台上就吃瘪？

如果你想成为一名专业的TikTok跨境电商从业人员，你需要把握住一些基础信息，比如抖音和TikTok在平台生态和商业模式上的区别。

从理论角度来看，这种区别可以归因于文化差异和平台发展历程的不同。抖音在中国市场的成功，部分得益于中国用户的"互联网+"思维和社交分享的风气；而TikTok在国际市场中的推广，则主要受益于其母公司字节跳动的全球化战略和对用户个性化体验的重视。在商业模式上，抖音已经在国内建立了相对成熟的生态系统，包括短视频内容、直播、电商等多种业务形态；而TikTok在国际市场中的生态系统相对较新，但其与电商、品牌合作等商业模式的融合已经初见端倪，为企业带来了更多的商业机会。

下面，我们来看某国产美妆品牌在抖音和TikTok平台上采取的不同营销策略。

在抖音上营销时，该品牌开展了一项长期营销活动。它邀请了一些抖音上的知名美妆达人参与挑战赛，要求他们制作出与该品牌相关的美妆教程短视频，并在短视频中展示该品牌的产品。这些美妆达人在短视频中展示了该品牌产品的使用方法、效果展示，并分享了自己的使用心得。对产品感到好奇的观众就会点进该品牌的官方直播间，这是一种很常见的引流手法。在直播间里，品牌方和消费者可以有更深层的互动交流，回答他们关于产品的疑问，并提供专业的美妆建议。当然，最重要的还是以专业性为噱头，售卖自己的商品。

在TikTok平台上，该品牌同样以开展挑战赛作为第一步。他们邀请了一些TikTok平台上的美妆达人参与挑战赛，要求他们在短视频中创意性地展示该品牌的产品，并且要求美妆达人们着重强调：该品牌是让他们感到惊艳无比的东方美妆品牌。接着，该品牌还利用TikTok平台的挑战赛功能，设立了奖品和奖金，吸引了更多未邀请但感兴趣的用户参与；在官方直播间里，很多时候也是在展示化妆品的特点。

在这个案例中，我们可以鲜明地看到该美妆品牌在抖音和TikTok平台上的营销思路的差别。如果你经常刷抖音，在一些来自国外用户的冒险挑战类短视频的评论区，你能看到这样一句话——"怪不得外国人少，不作死就不会死"。虽然是一句戏言，但它体现了抖音和TikTok之间的差异，这些差异涵盖了用户群体、内容风格和创作方式、社交功能和互动方式等多个方面。

## 1. 用户群体的差异

抖音的用户主要集中在国内年轻人群体中。这些用户更倾

向于欢乐、搞笑的内容，对生活中轻松愉快的元素更感兴趣。而在国际市场，TikTok的用户则更加多样化，分布的地域更广泛，拥有更复杂的文化背景。这些用户对于音乐、舞蹈等艺术性内容的需求更为突出，对创意和多样性有着更高的追求。

### 2. 内容风格和创作方式的差异

抖音平台上的内容更偏向于生活化、真实性，用户可以分享自己的日常生活、经历和感受。这种真实性和生活化的风格吸引了大量观众，让他们感到与他人的生活更为贴近。而TikTok平台上的内容则更注重创意和艺术性，用户更倾向于精心策划、富有想象力的短视频。创作者通过各种创意手法和特效来呈现自己的想法和创意，希望能够吸引更多观众的注意。

### 3. 社交功能和互动方式的差异

抖音更加注重用户之间的社交互动，评论、点赞、分享等功能相对完善，用户可以通过这些功能与其他用户进行互动和交流。这种强调用户之间的联系和互动的模式，增强了用户的参与感和黏性。而TikTok则更加注重用户与内容之间的互动，经常通过挑战赛、合作创作等形式，鼓励用户参与到内容创作中去，从而增强用户的黏性和活跃度。这种差异化的社交互动方式为用户提供了不同的体验，也反映了两个平台在用户管理和运营策略上的不同取向。

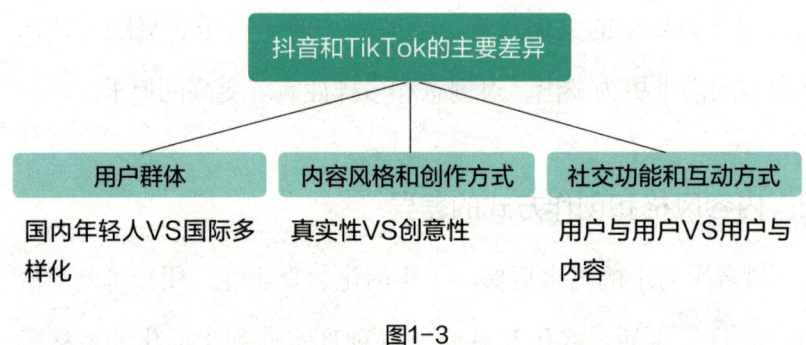

图1-3

这些差异给在两个平台上开展营销活动的商家带来了不同的挑战和机调，只有了解并把握它们，才能无往而不利。

第2章

# 在TikTok里打造
# 产品优势

# 01 观众好奇——中国人独有的 TikTok用户红利

要说做生意，中国人可谓"是金子，在哪里都能发光"。相信选择转战TikTok的电商从业者甚至实体从业者，都是在感受到国内愈来愈"卷"的氛围之后做出的决定。之前有一条段子，说是一个留学生把中国的辣条放在巴黎街头售卖，售价高达3美元一包，却供不应求。外国人难道不知道辣条只是普通的豆类制品吗？当然不是，他们所花费的这3美元，不仅仅是食物的钱，更是为自己的好奇心付费，获得的是情绪价值。

好奇，或猎奇，或感兴趣，无论怎样调换这个概念的名称，产生的结果都是类似的——早就对日常生活、当地文化习以为常，感到乏味的观众，会对一个外国人推出的新奇产品更感兴趣。

这招往往百试百灵，并且是有科学依据的。心理学家乔治·罗文斯坦曾提出"信息缺口理论"，通俗地讲就是：信息缺口会导致认知不适，是一种个体感到不舒服或不满足的情绪状态；为了缓解这种不适感，个体会积极寻求并获取缺失的信息，以填补信息缺口；于是人们会激活自己的好奇心，寻求新的信息和体验，以满足求知欲和探索欲。

对这种心理机制的应用可谓相当常见，企业会在产品的宣传营销中故意留下一些信息缺口，利用不完整的信息或悬念来吸引消费者的注意力。比如，苹果公司在发布每一款产品之前都会适当地放出一些"流言"。"新款iPhone的长度将达50cm""新款iPad的重量只有50g"，这些传言可以说是"一眼假"，但却会把人们的注意力吸引到可信度更高的"流言"，如"取消充电口，采用无线充电技术"。网民们议论纷纷，但在开发布会前苹果公司不会走漏风声，这就让用户的期待值拉得极高，从而保证了发布会的流量。

从商业角度来看，TikTok用户有着较强的创意性和较高的活跃度，他们比抖音用户更乐于尝试新的创意和挑战。因此，我们可以最大限度地利用这种"好奇心"的红利。那么，在TikTok平台上，中国人比较容易获得这种红利的赛道有哪些呢？

## 1. 文化相关类

在TikTok平台上，与中国文化相关的产品，如传统手工艺品、茶具、中国风家居用品等都卖得很不错。你可以展示产品的制作过程、文化背景或产品在日常生活中的应用场景，甚至直接挪用在国内平台上发布的短视频，感兴趣的用户还是很多的。

## 2. 语言和知识类

在教育和培训领域，利用好奇心可以提高学习者的积极性和主动性。通过设计吸引人的学习内容和活动，可以激发学习者的求知欲和探索欲，促进他们更深入地学习、理解和掌握知识。出于各种原因，许多外国人对于中国传统文化抱有一种既好奇又敬畏的态度。对于他们来说，中国的语言、传统节日、习俗及哲学思想等方面都是非常有吸引力的。如果你想走量贩卖一些趣味性的语言课程，比如5美元、10美元的入门课程包，可以利用谐音梗去做语言差异类的段子，或做一些趣味性强的教学短视频，就会让海外用户有耳目一新的感觉。

### 3. 美食类

中国的美食文化也是TikTok平台上热门的话题之一，光是刀功，就能展示切丝、切片、切块、切条、切丁等技巧；烹饪方法，更是炒、煎、炸、蒸、煮、烧、炖、烤样样俱全。如果想推销食品、厨具，制作此类美食短视频的效果很好。适合跨境销售的中国美食则包括干货类食品（如干香菇、海味制品）、传统零食（如月饼、花生糖）、方便食品（如方便面、速冻饺子）、茶叶、调味料和酱料（如豆瓣酱、辣椒酱）等。注意，粮油副食（如米、面、油）等产品容易遭到关税限制，跨境销售时要谨慎选择。此外，也有一些风味独特的中国地方美食，包括四川火锅底料、广东糖水、福建酒酿、湖南臭豆腐等，如果营销包装得当，都可以有不错的收益。

### 4. 旅游类

如果你销售与中国旅游相关的商品，可以通过在TikTok平台上分享中国旅游景点、旅行经验、当地特色产品等内容，吸引国际用户的兴趣；制作有趣的旅游推荐短视频或打卡挑战，激发用户的旅游欲望，并提供购买链接以便他们购买相关商品。

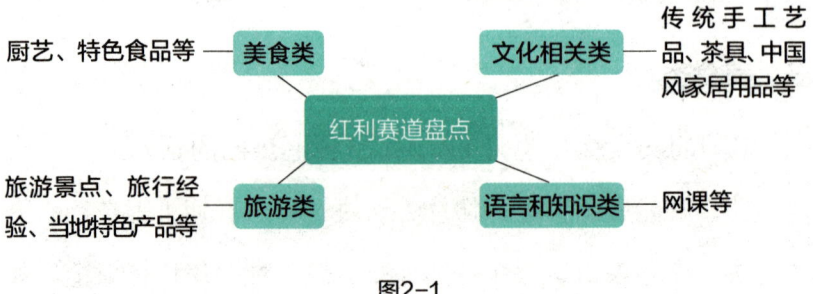

图2-1

　　跨境电商，跨越的不仅仅是地域，更是随着地域而不同的文化和风景，有这种大视野才能做大生意。

# 02 产品盘点——TikTok平台上有啥好玩的东西?

一切商业活动想要有收益,最终靠的都是"交易"。TikTok不仅是一个娱乐平台,还是一个充满着各种商品的购物天堂,当然,用户不会将TikTok与亚马逊等纯粹的购物平台等量齐观。

使用这种短视频软件的用户在点击链接购买商品时,基本会有这样的心路历程:首先,用户看到低价且实用的产品,开始感兴趣,他会点开商品详情页面,点开后他就被塞了一张优惠券,原本定价为5美元的商品,现在居然只要0.99美元就可以拿到手,他有点儿心动;其次,他继续浏览商品信息,文字信息让他稍微理智了一些,但离开商品页面,他又会忍不住看关于这件商品的使用宣传短视频;然后,几番犹豫之后,他会这样劝说自己："买一个试试吧，反正也不贵。""这个东西看起来真的很好用，我一直以来好像都很需要它。""要是不好用，我就退货，反正也没什么损失。"……最后，很自然地，他就点了"购买"键，然后继续带着对商品的渴望与好奇刷短视频。

之后，这个用户会收到他购买的产品，如果觉得好用，他也许会回购；如果觉得不好用，他可能也懒得去退货了。无论如何，这笔交易完成了，你也赚到钱了。这就是TikTok电商的本质，所有商家都在诱惑观众下单。

比如，时尚美妆产品的商家会问那些爱美的人：想变漂亮吗，想知道最新的时尚潮流和美妆技巧吗？对此感兴趣的用户可以找到无数时尚博主和美妆达人，看他们分享穿搭秘诀和化妆心得。从服装、鞋包到化妆品和护肤品，各种时尚美妆产品在TikTok平台上都有着巨大的市场。我们来看下面这个场景：

一个美妆博主展示最新款口红，镜头聚焦在色彩艳丽的口红上。博主展示试用过程时，一边展示，一边连连夸赞"简直像是魔法""超级惊艳的颜色""朋友们，你们真的应该买它"，这些话术非常能吸引观众的注意力。在话术结束后，为了把握节奏，主播继续深挖口红特色，比如演示口红的质地和颜色，展示持久不脱妆、不沾杯的效果等，同时配以动感的背景音乐。过了一会儿，主播还会提醒观众"不买就亏了，库存很少"之类的话语，这时候，观众的好奇心早就被调动起来了。

如果这个主播懂得把握节奏，这时候她会鼓励观众在评论区留言，发一些弹幕，抽取幸运观众，提供购买链接和优惠码，同时，场控人员和助理继续夸张地形容产品。想想看，这样的场景演绎绝对能够直观展示产品魅力，引发观众的共鸣，激发购买欲望。

又如，健康与健身产品的商家会问那些注重身体的人：想要拥有完美身材和健康生活吗？对此感兴趣的用户可以看到无数健身教练和健康达人，都在分享他们的健身秘籍和营养餐单。比如，各种健康食品、健身器材和健康管理产品，通过TikTok平台上的短视频展示其效果和使用方法，会让用户幻想：也许只要有了这款商品（可能是某款瑜伽垫、拉伸器、杠铃、动感单车，也可能是某些线上私教课、燃脂塑形课），自己的身材也能变得像短视频里的人那样完美。并且，还有一点十分出人意料，健身类的产品退货率很低，这大概是因为每个人都觉得某天自己一定会用到这些产品进行运动吧。利用这种心理机制，也能够让自己的商品有更高收益。

再如，科技与数码类产品。一个好消息是，喜欢看科技和数码类产品的用户有较高的比例是"不差钱"的，只要你的产品有一定亮点（中国制造、拥有极致性价比、外观设计很中国风等），你就可以找到各种科技达人和数码爱好者，让他们分享科技体验和产品评测。比如，各类手机配件、智能家居设备等，只要你愿意推出一款产品并标明它的亮点，"科技迷"就会进行评测，这时候就是宣传售卖的好机会。

此外，如果你进入TikTok平台的目的只是做些小本买卖，那么家居与生活用品及美食餐饮领域的产品，很值得你花心思琢磨。按理来说，这两类商品的赛道是很"卷"的，但在TikTok平台上做生意的中国人还不算太多，龙须糖、桂花糕这样的传统食品很容易博得眼球。

最后，还想提醒各位一句，TikTok平台上从来不缺商品，在本节举例的这些产品之外，还有很多你想象不到的商品正在取得很好的经济效益。比如，发声的小猪存钱罐这种娱乐性与实用性相结合的产品，就有很多家长愿意给自己的孩子买一个。

总体来说，TikTok平台上有着丰富多样的产品种类，涵盖了时尚美妆、健康健身、家居生活、科技数码、美食餐饮等各个领域。你的所有产品，无论多么标新立异，最好都提前归置到一个大的产品分类中，这样，你才能真正明白自己想要在跨境电商中销售哪类产品。

# 03 产品避雷——并非所有商品都适合在TikTok售卖

在讲解避雷点之前，我们先来做一个假设。假设你是一个国内的玻璃制品销售者，或者是一个喜欢制作一些精美的玻璃手工艺品的爱好者，你想在空闲时做个兼职、挣点儿外快。在国内，你通过抖音或小红书、淘宝等电商平台挣到了一些钱，并且听说外国人对这些产品更感兴趣，于是你尝试着把短视频搬运到TikTok平台上。很快，就有人下单了你的商品。

这时候，你应该做些什么？

事实上，哪怕你只是单纯地觉得应该发货给购买者，你也会遇到一连串的问题，比如，高昂的海外运输费用，运输途中商品可能损坏，在进行货币转换之后利润所剩无几。如果你想卖一些医疗产品，却不了解你的产品所销往国家的医疗器械规格标准，那么卖出产品后很容易被政策和用户的举报"上一课"。

你可能会想，那就卖点儿不容易损坏、不吃进嘴里、不用在身上的东西吧，比如书籍。但是，这样你又会遇到另一个问题：目前世界对知识产权有着越来越明确的保护，你能确保所销售的产品不侵犯任何知识产权，包括著作权、专利权和商标权吗？在国内，你可能比较清楚法律法规，能够不碰红线，但如果你想把商品卖给文化、法律和生活习惯完全不同的人群，再三斟酌是很有必要的。

在TikTok平台上做生意，最常见的风险还是源于"跨境销售"本身。某些商品可能涉及法律限制或管制，比如枪支、毒品等，这些商品不仅在 TikTok 上不合法，还可能导致严重的法律后果，是绝对不能售卖的。像上文提到的可能侵犯知识产权的商品，比如盗版商品等，在 TikTok 上都不应该销售。下面具体讲解一些产品，供 TikTok新手避雷。

（1）对于大型商品，请勿轻易动念。一来，这会涉及运输和物流问题，大型家具通常体积较大，重量较重，运输和物流成本较高。在国际运输中，如果你没有国外的物流仓，那么这类运输阻碍比较大的产品导致的各种问题一定会让你措手不及，比如延迟、损坏等。哪怕产品安全到了客户手中，售后服务难度也非常大。比如，大型家具可能需要专业的安装和售后服务，在国内，这些服务可以找到收费不高的家装师傅来做，但在国外，售后的成本实在太高。当这些问题叠加在一起时，可想而知用户的购物体验会有多差，所以，能不卖大型商品就尽量不卖。

（2）对于限制出口、敏感或容易受到查处的产品，最好避开。一些产品被明确列为违禁品，比如毒品、管制药品、赌博设备等。无论如何都要明确自己的底线，不要售卖这些东西，违法的事情绝对不能做。尤其是，TikTok平台上未成年人很多，如果将限制销售的物品卖给未成年人，法律纠纷不可避免。在这里要特别提个醒，如果你的产品是液体、粉末或以喷雾形式灌装的，可能容易引起海关怀疑，最好不要售卖。此外，涉及出口限制的商品，比如酒精、烟草制品、电子产品等，最好也不要碰，出口这些商品需要符合目的地国家的规定和标准，获得认证的手续可能很麻烦。还有一些可能涉及敏感技术和信息的产品，如军事设备、加密软件、核能相关产品等，也得先办出口许可证，在国内售卖尚且关卡重重，更别提在国外了。

（3）对于易碎或易损坏的商品，慎重考虑。比如本节开头提到的玻璃手工艺品，如果是小的珠宝首饰，装在防震盒里，损坏的可能性还不大，但玻璃又重又脆，但凡有其他选择，都不要优先考虑它。此外，在长途运输过程中，鲜花和植物容易因挤压、摇晃或温度变化导致枯萎或叶子脱落，如果你只是一个比较普通的本地花农，做跨境电商的利润可能还没有你在国内批发鲜切花的利润高。如果你想做高端系列的花材，那么一定要找好你的收购商，最好能够做To B（即面向企业，为企业提供服务）的业务，库存有剩余时再在TikTok平台上售卖，这样能省下一大笔冷链的费用，也能尽可能降低风险。

（4）对于复购率低的产品，最好不要优先考虑。如果一款产品能够在各方面都满足客户的需求，但客户只购买一次就不再购买该产品，这可能意味着客户流失，可能带来产品滞销、利润转化率低等一系列麻烦。留住老客户很重要，所以，在确保自己产品的品质和可用性的基础上，圣诞装饰品、夏季户外用品等季节性产品可以不作为主要商品。还有一些产品是一次性购买后就能满足长期需求的，比如家具、电器等，这些产品通常不需要在短期内再次购买，因此其复购率可能较低，最好也避开。

当然，只有真正到市场上才能知道市场究竟意味着什么。如果你有自己的营销想法，只要不触犯法律法规且有可能盈利，任何商品都是可以售卖的。

# 04 选品贴士——四个小窍门，选出最佳商品

说完了避雷，现在我们来说说选品的四个小窍门。这四个小窍门，对应着四个问题。

## 1. 用户对你的产品感兴趣吗

这个问题也可以改成：你的产品是否符合市场的需求和用户的口味？这就像是在商店里摆放商品，不符合顾客口味的商品摆放区域就会变成冷清的角落，而不是人们蜂拥的热门地带。因此，在选择产品时，要关注市场和用户的需求。你需要了解你的目标客户是哪类人群，他们有什么需求，喜欢什么样的产品。只有当你的产品能够满足用户的需求并引起他们的兴趣时，你才能在竞争激烈的市场上立足。

为了确保你的产品能够得到用户的认可和信任，你可以通过市场调研、社交媒体分析、用户反馈等方式获取信息。这些信息可以帮助你了解市场趋势和竞争对手，进而调整选品策略，选择出最符合市场需求的产品。你还可以通过搜索话题标签"#TikTokMadeMeBuyIt"，初步定位用户对产品的兴趣倾向。

但是，在搜索这些标签之前，你必须有一个大概的想法。比如本章第一节提到的"中国人特有的优势"，当你在"#TikTokMadeMeBuyIt"话题里看到中国传统的檀木物件、中国的小零食、中国传统服饰等物品，你就能确定这些产品是畅销且必然能获得利润的，这样选品才能快、准、狠。

## 2. 产品利润空间如何

无论在哪种商业运营模式中，盈利都是至关重要的。盈利也是你选择TikTok的"初心"。关于这一点，我们可以分成两步走。

第一步，就是常规地评估产品的成本，包括直接成本（如采购成本、生产成本和运输成本等）和间接成本（如营销费用、包装费用和运营费用等）。这样，我们可以确定产品的实际成本，为后续的定价和利润计算提供基础。

第二步，就是要掌握国内外的差价。由于产品要销往海外，所以，差价越高，利润也就越高。我们可以多去研究市场上类似产品的价格和竞争对手的定价策略，了解自己选定的产品在TikTok平台上的定位和竞争力。并且，一定要综合考虑产品的长期盈利能力。单次销售也许可以带来利润，但你在TikTok平台上必然要着力做好一件产品，如果每天都换产品、换赛道，用户也会感到困惑。

此外，还有复购率的问题。复购率低的商品，比如汽车、家具、家电等，往往价格昂贵、使用寿命长，消费者在购买后通常不会在短时间内再次购买。如果你的商品在价格上没有什么优势，可能人们就不会选择购买你的商品。而那些可能有高复购率的商品，如食品、饮料、化妆品、个人护理用品等，由于使用频率高且消耗快，消费者往往需要定期购买，如果你的商品定价比当地的超市还要高，在质量或设计上又没有什么特别之处，那你基本上就不可能胜出。

## 3. 产品是否便于运输

首先，要考虑产品的尺寸和重量。尺寸较大或重量较重的产品可能会增加运输成本，因此，要选择尺寸适中、重量合理的产品。

其次，要考虑产品的包装和保护措施。好的包装可以保护产品免受损坏和磨损，降低损失和退货率。如果你卖的产品是首饰、服装，更应该在耐用的同时考虑美观。有不少用户甚至因

为好看的包装就会下单，这和TikTok推送短视频的机制是分不开的。

最后，要考虑产品的运输方式、运输距离、目的地和目标客户。不同地区的运输条件和运输成本可能会有所不同，尤其是跨境电商，务必前期做好调研，根据目的地和目标客户的情况去选择合适的产品。

当然，一些产品可能不需要运输，比如网课和电子资料，但它们的退货率也比较高。无论如何，综合考虑是很重要的。

## 4. 你的产品能抓住"黄金前三秒"吗

"黄金前三秒"是指当某个用户打开你的短视频或直播间时，如果他在三秒内选择继续看下去，那么恭喜你，你已经迈出了成功的第一步。打造"黄金前三秒"，要考虑的因素有很多，比如产品的外观设计和包装、营销信息和宣传手段、展示和陈列方式，以及定价和促销策略等。

举个例子，假如你想在直播间卖一款价格比较高的粉底液，直接展示使用这款粉底液画出来的妆，是不太容易吸引到很多人的。线上销售中，产品的展示方式尤为重要，你可以找一位模特，半张脸用其他品牌的粉底液，半张脸用你准备售卖的粉底液，并且，在直播间做好打光工作，确保你的产品的优点和亮点能够完全被展示出来。这样，用户才愿意购买。

　　决定用户是否购买的，不只是产品本身，还有你对用户的引导，除了高质量的产品图片、清晰明了的产品描述及生动有趣的产品演示短视频，你也可以利用限时特价、买赠活动、折扣券等促销手段，让观众一看短视频就知道你的产品的特点，继而打开购物车下单购买。

　　如果你能掌握上述这四个小窍门，你在选品方面能出问题的概率就不大了。发挥好你作为中国人的优势，做好进入TikTok前的调研，把握用户的需求与痛点，拿捏他们的心理，这样你就能无往而不利。

# 第3章

# TikTok账号的创建
# 与运营

# 01 注册账号——玩转TikTok的第一步

注册账号之前，我们必须先下载TikTok软件，但是，由于国内的网络是没法登上TikTok的，所以你最好从专业且公开的平台那里购买云服务器、网络节点和手机号。注意，有些虚拟手机号使用的时候会涉及法律问题，请务必在正规网站上购买或办理。如果你自己不会走这个流程，最好请专业的人来做，完全按照国外的注册模式走，这样才能免除后续被平台封号的风险。这个流程是不可以忽略的，哪怕你觉得麻烦，也不能直接使用别人已经使用过的账号，因为，一方面，系统会记录你过往的短视频偏好，再次更新没有那么快；另一方面，使用别人的账号，会给你后续申请"小黄车"（即商品橱窗）、申请一些国外的资格证明带来很多不便。

在注册TikTok账号的时候，也可以顺便注册电子邮箱、Google账号及Facebook、Instagram等社交软件的账号，如果在TikTok这个平台做大了，也可以把粉丝引到别的平台上。

注册完成后，我们还需要在手机"设置"里更改一下系统时区、利用虚拟GPS软件将自己定位到海外。不过，这样操作下来，我们进入TikTok时，语言会自动设定为英文，我们可以在"Setting and Privacy"里找到"Language"选项，将语言更改成目标市场国家的通用语言（初期不熟悉操作时，可以先改成中文），把自己的账号全方位打造成一个跨境账号。

接下来，就要开始填写个人资料了，主要有三部分内容：头像、昵称、个人简介。

无论你是准备注册个人账号还是企业账号，你的个人资料都必须和你想要展现的重要商品信息、品牌理念、爆款产品有关系。下面就以美食赛道账号的头像与昵称搭配作为例子说明一下。

（1）头像可以选用美味食物的图案，比如一块美味的比萨、一碗热气腾腾的拉面或一份色彩缤纷的水果拼盘，这样的头像能够让用户产生食欲，如果你家有爆款产品，直接把爆款产品当作头像即可。如果你想做美食博主或厨艺达人，也可以选择一张清晰的个人照片作为头像，一定要展示你的笑容和亲和力，这样能够让用户感受到你的真诚和热情，增加他们对你的信任和好感；如果你有自己的食品品牌或店铺，或者想要吸引一些大客户，你可以选择品牌Logo作为头像，增强品牌识别度和形象认知度。你的品牌标志应简洁明了，容易识别和记忆。

（2）昵称可以选择一个与美食相关的昵称，比如"美食达人""吃货小宝""美味探索者"等；如果你提供特定地区或文化的美食，你可以在昵称中加入地域特色，比如"川味小厨""东京美食家""地道意大利味"等。这样的昵称能够吸引对该地区或文化感兴趣的用户，并且，由于TikTok的流量分发是基于你所在地域的，因此昵称的地域针对性越强，流量也就来得越快；此外，你还可以把品牌名和你要卖的商品相结合，比如"rainbow cake"（彩虹蛋糕）、"warm bread"（暖心烘焙）等，这能让观众一下就识别出你的产品的卖点并记住你的昵称。昵称里，也可以加一些表情符号，更能刺激观众的视觉记忆，从而记住你。

（3）个人简介则可以简要介绍你的品牌、产品或个人特点，比如：

"分享美食、传递快乐| 一起探索世界各地的美味| 每周更新，敬请关注！"

"嗨，我是××！热爱美食、烹饪和分享厨艺小窍门的厨房小达人！欢迎来到我的美食世界，一起品味生活的甜蜜和酸辣！"

"发现最新鲜的食材，创造独特的美食体验| 提供简单易学的食谱和烹饪技巧，让你成为家庭厨艺大师| 每天更新，敬请关注我的美食分享！"

"欢迎来到××的美食时光机！跟着我一起穿越时间和空间，探索世界各地的美食奇迹！敬请关注我的短视频，发现不一样的美食体验！"

并且，你可以在个人简介中清晰地提供购买指引，比如"点击链接购买""扫描二维码购买""限时特惠""新用户专享"等。比如："喜欢美食？别忘了关注××，参与抽奖活动赢取免费美食体验，每周末特惠，限时优惠等你来抢！关注我们的故事，了解更多美食活动和优惠信息！"

总之，你必须展示出你的产品或服务的特点、优势和价值，让用户了解到购买产品或服务的好处，这样，他们才更愿意下单。如果你是企业用户，也可以在账号主页上添加联系方式，比如电话号码、电子邮件地址等，这样如果来了一个大客户也方便联系。

做完上面这些，你还得把你的账号改成商业账号，以下是具体步骤：首先，进入"设置"页面，点击右下角的人物图标，进入"个人中心"页面；然后点击右上角的三个点（iOS系统）或三条横线（Android系统），接着点击"Setting and Privacy"

（设置与隐私）选项，再找到"Manage Account"（账号管理）
或类似的选项（名称也许会随着更新有所改变），点击进入；
最后，根据提示填写商业账户的相关信息，包括企业名称、类
别、联系方式等，等待审核即可。

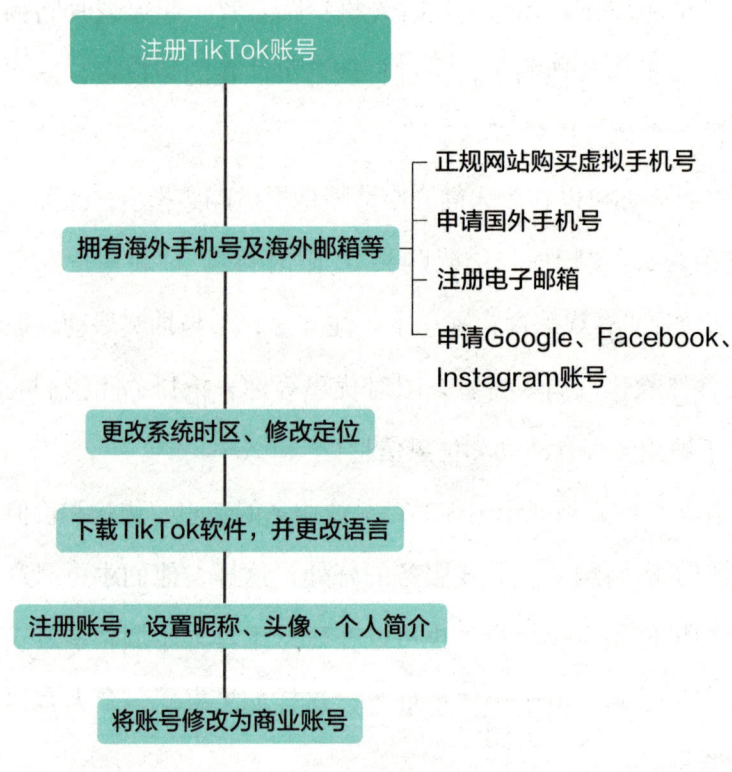

图3-1

信息审核完成后，你的账号也就注册完成了，属于你的
TikTok跨境电商之旅就正式开始了。

# 02 运营账号——两种模式让你为TikTok之船掌舵

商业团队往往有一个特别常见却又令人迷惑的岗位——运营。运营似乎是一个统领大局的词，然而在这个位置上的人往往做着一些微小的事情。运营岗位的日常管理和执行，包括制定长期和短期的战略规划，做好人员管理、资源配置、财务管理、供应链管理，制定和执行营销推广策略，分析数据、监测和评估项目、识别和管理风险，等等。

如果让一个新手独立运营TikTok账号，他可能会非常犯难："我要做的事情这么多，怎么忙得过来呢？况且，我运营这个账号是为了获得流量、赚到钱的，一定要做那么多没用的事情吗？"

本节的目的，就是解决这些疑惑。我们运营自己的账号时，可以在后台看到这样几个指标的数据：粉丝数（每一个粉丝都是潜在客户，粉丝越多，对你感兴趣的人越多，可能购买你的产品的人就越多）、点赞和评论数（互动越多，被分配到的流量也越多）、完播率及重复观看率（在分配流量时占很高权重）。但如果你从一个运营者的角度去看待这些数据，你会发现数据只是表层现象，真正衡量你的运营成功与否的是成交转化率。

我们先来看TikTok电商的两种基本运营模式：兴趣电商和搜索电商。

## 1. 兴趣电商

兴趣电商是TikTok电商最主要的变现模式。用户在刷到短视频之后，对短视频里的商品产生兴趣，想要自己体验某款商品，这种用户的购买意愿是很强烈的。如果他们是第一次购买类似产品，往往会多方询问，并且非常重视买家秀；要是这款商品还有"新人特价""关注店铺送红包"的优惠活动，他们会更想购买。在这里，有一条很基本的用户心路历程：刷到短视频——觉得商品有趣，继续浏览，被评论区、商品详情、买家秀吸引——反复观看相关短视频——看到有优惠活动——决定购买。

兴趣电商的重点在于拿捏潜在顾客的心理，所以，针对兴趣电商，请务必在注册账号之前就做好你的用户画像。如果你卖的衣服是"森女"系的，那就不需要把短视频做得太"时髦"，BGM（Background Music，背景音乐）也不要用过于吵闹的，一定要符合产品的风格，这样，你预料之中的用户才能真的按照你所设想的路径完成交易。因此，想要借助兴趣电商运营好账号，要做到以下两点。

（1）你必须了解目标用户的年龄、兴趣爱好、消费习惯等信息。不同年龄、性别、地域和兴趣爱好的人群，他们的消费观念、需求和习惯都有所不同。因此，只有明确了目标用户的具体画像，我们才能有针对性地制定营销策略，推送符合他们口味的内容。比如，如果目标用户是年轻人，我们可以选择更为潮流、活泼的短视频风格和话题；如果目标用户是年龄偏大的人，我们可以选择更实用、有深度的内容。只有深入了解用户，才能真正触动他们的心弦，实现流量转化和销量增长。

（2）你必须在TikTok平台上保持活跃，并且发布的内容要有一致性。保持内容一致性是提升账号识别度和用户黏性的关键，在TikTok这样的短视频平台上，内容更新迅速，竞争激烈。如果东一榔头西一棒子，不但观众难以识别和记住你的账号，而且你自己在选择内容时可能都会觉得不适。短视频内容一致性差是百害而无一利的事情。我们需要制定明确的内容策略，确保每条短视频都与品牌形象和主题相契合，形成独特的风格和调性。

## 2. 搜索电商

我们知道,淘宝、京东是较为传统的购物软件,亚马逊的购物模式也与淘宝等相差无几,虽然TikTok的诞生让人们在购买时更加注重考虑自己的兴趣偏好,但是,当人们潜移默化地把这个短视频软件当作可以购物的平台时,也会把一部分购物的习惯带到TikTok平台上。如果TikTok重度用户想买一套厨具,他可能不会去超市,不会去亚马逊,而是在TikTok的搜索栏中搜索"厨具",然后按照内容的综合推荐选一款自己喜欢的购买,这就是搜索电商。那么问题是:如何让你的商品被用户搜索到呢?

我们可以对自己的短视频做一些搜索引擎优化,主要优化短视频的标题、描述和标签,使短视频更容易被TikTok搜索引擎收录和推荐,提高短视频的曝光度和点击率;也可用相关关键词和热门话题进行内容标签和描述的优化,提高短视频在TikTok搜索结果中的排名和曝光度。但是,切忌过度堆砌关键词和标签,如果短视频的内容与之不符,用户会有负面评论,或者点开短视频后很快就退出,这会大大降低短视频的完播率。

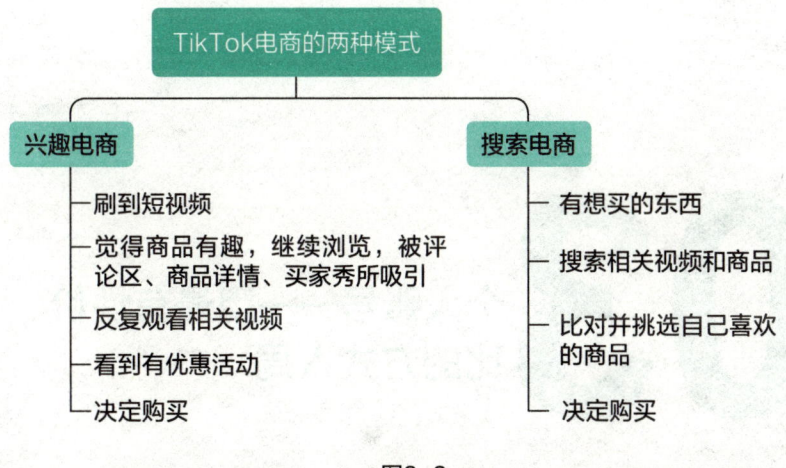

图3-2

当然，在实际运营操作中，这两种模式往往是结合起来使用的。比如，你经营着一家旅行社，首先，你可以针对不同的旅游目的地制作相关的旅行攻略短视频，这是为了吸引那些感兴趣的潜在客户；其次，在发布短视频时，在标题和描述中多加入相关关键词和热门话题；最后，在保证与短视频内容一致的前提下，进行搜索引擎优化，提高短视频在TikTok搜索结果中的排名和曝光度。

# 03

## 个人账号——用最有性价比的方式入局

如果是在进入21世纪头几年，你说你想做一个个人的商业模式，可能有许多人都会嘲笑且不理解你，因为当时虽然也有少数网红火起来了，但大多是负面的信息，个人与网络和商业的链接还没有被建立起来，其中的潜力还没有被挖掘。

但是，随着短视频行业逐渐发展，一些达人、主播获得了成功，这也让许多普通人产生了如下想法："天呐，他们看上去如此光鲜亮丽，轻轻松松就获得了成功，我觉得我和他们也差不了多少，如果我上，我也行！"

这种想法并不好高骛远，虽然不是人人都能成为头部主播，但只要你选择入局，就很可能会获得一些收益。并且，比起企业账号，个人账号有独一无二的优势，下面将逐一介绍。

## 1. 个性化和亲和力

前面提到，TikTok覆盖着全年龄层，而生活类的内容能够得到广泛的流量，很容易吸引观众，使观众产生共鸣。而且，正如网络上流行的那一句"世界是个草台班子"，当越来越多的企业被查出有不正当行为、恶意敛财时，人们对于企业甚至大品牌的信任度也没有那么高了，反而更倾向于与真实的个人互动。所以，个人账号通常更容易建立与观众之间的联系和亲密感。无论你是露脸的博主还是不露脸的博主，都要在短视频里向观众展示：你是一个活生生的人，你的生活就是观众的生活，你是观众的知心好友。

此外，在运营账号初期，请不要"装高冷"，回复评论、点赞和分享其他用户的短视频都可以增加你的活跃度，真诚的互动可以快速建立与观众之间的联系。企业账号虽然也是人在运营，但他们的回复可能就不会被看作一个好友在同观众聊天。你可以好好利用这一点，快速建立起忠实的粉丝群体。

## 2. 自由度和灵活性

因为不受企业品牌形象或品牌官方政策的限制，个人账号在内容创作上是更有选择权的。我们同样以美食短视频的制作为例，TikTok平台上有很多售卖中国传统美食的账号，这些账号往往很会讲故事，会在短视频中分享自己和食物之间的故事，可能是童年时的美食回忆，也可能是与特定食材或菜肴相关的感人故事，让观众更容易与他们产生共鸣并建立情感联系；也有那种"秀技术"的账号，他们会制作一系列独特的美食短视频，做出一道道改良版的中餐或西餐，这样中外的货品都能放在他们的"小黄车"里销售。

也许有人会说："你提到的这些东西，企业账号也能做呀，个人的优势在哪里呢？"正如我上面说的，一个你在生活中就有可能遇到的友善的朋友，与一家冰冷而庞大、目标就是赚你钱的企业，对你讲同样煽情的故事，你更愿意相信谁呢？想必绝大部分人都会被感性导向那个熟悉的人身上。

### 3. 你的人设就是你的个人品牌

前面讲到，作为一个贴近观众的博主，你可以和你的观众建立更深层次的联结，所以，无论你是一个颜值类网红，还是一个卖珠宝首饰的"名媛"，又或是一个尝遍天下美食的"名厨"，只要你的故事讲得好，人设立得稳，让观众感受到你是一个鲜活的人，那你的个人品牌就能建立起来。

比如，有一位成功建立个人品牌的网红，曾以独特的田园风格通过短视频展示了中国传统文化的魅力，吸引了国内外粉丝的广泛关注。在这些短视频中，观众仿佛能够穿越时光，回到那个宁静而美好的乡村世界。这些短视频不仅展示了中国传统美食的制作过程，还传递了农耕文化和手工艺品的精髓。这种深厚的文化底蕴和独特的人设，使得其个人品牌迅速崛起，在跨境电商领域也展现出了强大的影响力。

此外，你还可以把粉丝导向你的"私域"当中，让回头客或真正对你感兴趣的粉丝享受到VIP的待遇。你可以在Instagram上更新图片和短视频，也可以在Facebook里建立群组，让用户进行互动和分享。如果有某些"仅限忠实粉丝参与"的活动，粉丝会更感到自己被优待。

总之，个人账号通常更灵活，起号的成本也比较小，更注重个人与观众之间的联系和创意自由度。个人账号一般也会有一个小型的团队，但如果你的团队真的非常小，小到只有你本人，也不要害怕，大胆迈出第一步。TikTok平台提供旨在鼓励优秀的内容创作者的创作者基金，有了"第一桶金"的保障，只要你保持对的方向，坚持更新短视频，做好TikTok账号就指日可待。

# 04 企业账号——启动你的财富制造机

上一节说到，企业账号相比个人账号的劣势在于获得用户信任的周期更长，但是，企业账号的优势也是不可忽视的。并且，我相信，想要入行TikTok跨境电商的人，有不少都是已经组建了一支团队，而且有一些商业基础的，在这里，我不妨再提及一下企业账号的优势。

## 1. 专业性和信誉度

虽然个人账号在初期能很快地吸引粉丝，并且发展到后期粉丝黏性很高，但对于一切专业性比较强、比较依赖科技、需要有安全性保障的商品，用户大概率不会选择到个人账号那里购买。企业账号通常具有更专业的外观和品牌形象，观众虽然知道企业也是由人组成的，但一个人与一群人相比，显然是一群人的力量更大，也因此，有良好形象和售后服务的企业账号通常会受到更多的认可和尊重。

## 2. 强大的资源支持

　　企业账号通常能够调动专业团队来参与内容的创作与运营。这些团队成员具备丰富的经验和专业知识，能够精准把握市场动态和用户需求，从而创作出更具吸引力和影响力的内容。无论是短视频剪辑、文案撰写，还是数据分析、宣传营销，他们都能够得心应手，确保每一个细节都达到最佳状态。他们可以投入更多的资金来购买先进的设备，提升各个环节的质量和效率。并且，企业账号在应对官司纠纷和舆论风波时，也有着更为强大的经验和能力。一旦遇到这些问题，企业账号可以迅速调动专业团队进行危机处理，通过合理的公关策略和应对措施，将负面影响降到最低。相比之下，个人账号在面对这些问题时，往往因为资源有限而显得力不从心。

## 3. 更容易获得商业机会

　　与其他TikTok创作者合作是扩大账号的影响力和粉丝基础的有效方式之一：不仅可以"蹭流量"，让原本属于另一个账号的粉丝注意到你；还可以"跨界合作"，吸引本来几乎不可能看到你的账号的人。合作过程中，你也可以学习和借鉴其他创作团队的经验和技巧。但个人账号往往没有企业账号那么容易获得商业机遇，基本只能接到企业的广告，即使是和企业合作，也是以代言推广形式进行的，自己并没有股份，不能获得分红。

## 4. 品牌推广优势

有人说，个人账号也可以通过接广告的方式赚得盆满钵满，但别忘记了，这些广告是企业投放的，最后的收益还是企业占大头。企业账号可以更轻松地推广和宣传其品牌、产品和服务。而且，只要企业账号的团队愿意，可以通过一些少量购买流量的方式，去拥有更大的社交媒体跟踪基础和更多的资源，在更广泛的受众中传播信息。

说了这么多，我们下面一起来看看TikTok平台上成功的企业账号案例——某比萨连锁店品牌。

2020年，该品牌在TikTok平台上推出了一项带有专属标签"#pizzachallenge"的比萨挑战活动。这个挑战要求用户在TikTok平台上分享他们自己做比萨的短视频。参与者可以展示他们自制比萨的过程和成果，然后挑战其他参与活动的用户。为了激励更多人参与，该品牌提供了丰厚的奖品，如免费比萨、优惠券和折扣码等。这个活动在TikTok平台上引起了轰动，效果非常好。很多美食赛道的博主在短视频中展示了他们独特的比萨制作技巧和创意，不仅在TikTok平台上获得了大量的曝光度和点赞量，还被其他社交媒体平台转发和传播，活动的影响力不可谓不大。

现在，我们来复盘一下该品牌如何发挥了企业账号的优势。该品牌先是利用TikTok发起活动的功能，发起了比萨挑战活动。这个活动很有趣味，而且足够吸睛，重要的是，制作一份比萨对于普通人来说也不算太难，并且还有丰厚的奖励，因此从挑战活动的设置这个环节上，就已经有不少成功的迹象了。并且，它特意为活动创建了专属的标签，这样一来，所有和"比萨""挑战"相关的短视频都可能关联到该品牌，用户也可以通过搜索该话题标签，轻松找到与活动相关的短视频内容。这就是企业账号本身作为大体量账号的优势：投入大，收益也大。该品牌提供的奖品中有一些优惠券并不消耗公司本身的资金，可能某个用户得到优惠券之后吃了一次，觉得味道很好，又想吃，因此总体来看，这些优惠券也可能带来更多收益。

与用户的互动量决定着你能否获得更多流量，而完美的运营能够让你的流量很快变现。在上面这个案例中，用户的自发参与和高涨的热情，不仅扩大了活动的影响范围，还增强了用户对品牌的认知和情感连接。虽然企业账号的前期投入比个人账号要大得多，周期也更长，但是运营者必须具备长远的目光。

第4章

# 在 TikTok平台上，
# 流量决定一切

# 01 流量奥秘——搞清TikTok流量的底层逻辑

在像 TikTok 这样的社交媒休平台上，流量就像是一股强大的风，它能够把你的短视频带到更多人的面前。说得更实际一点，在TikTok平台上能否获得收益，关键就在于有没有流量，这一节要谈的就是困扰许多初创者的流量问题。

如果你是抖音或TikTok的重度用户，你一定会发现，推荐给你的短视频，大部分都是播放量在几万的作品，或许在被你刷到后几天之内，这些作品的播放量可以飙升至十几万甚至更高。而且，哪怕是用户自己去搜索短视频看，也大概率会倾向于点击播放量高的短视频，用户可能会在心里暗示自己：播放量高，肯定内容好，为了不浪费时间，我要看这个。

是的，"不浪费时间"，虽说刷短视频在某种程度上就意味着"浪费时间"，但大部分短视频软件用户依旧会对自己刷到的短视频进行一番筛选。不过，如果你想成为一个TikTok高手，你得把你的思考角度从一个"使用者"变成一个"创作者"。用户虽然会筛选他们的短视频，但这种筛选也是被算法操控的。如果你只做了一条很有干货的短视频，但在"黄金前三秒"里缺乏吸引力，那么，这条短视频能成为爆款的概率也很小；如果这条短视频也没有带对合适的兴趣标签，那么它的结局基本上是"扑街"了。

下面，我们一起来了解一下TikTok流量的底层逻辑。

（1）第一条底层逻辑，也是有关TikTok流量最清晰的、显而易见的一条底层逻辑，即系统会根据短视频所带的兴趣标签、所在地域、相关联系人（粉丝、好友）进行第一轮的流量分发，用户所能看到的，本质上来说，不是"他希望看到的"，而是"算法给他推荐的"。

比如，当你还是一个新手时，你发布了第一条短视频，这时候，你的短视频会被发送到300~500个用户手里，但这些用户并不是完全按照标签或联系人分配的，只有大约一半的用户是你能预料到的，剩下那一半则完全是陌生人。这就有点看运气了，如果你要卖的产品是男士剃须刀，结果被系统随机分配给了大量女性用户，你的数据大概率也不会好看。

（2）第二条底层逻辑，是TikTok的流量维度。点赞、收藏、评论、分享、完播率、重复观看率，都是流量的体现，其中占比较高的是后面两个维度——完播率和重复观看率。这也很好理解，流量的每一个维度，其实都代表着观众和短视频的主动互动。用户在你的短视频页面停留越久，发表的看法越多，系统就越会默认你的短视频是"优质短视频"，然后对它进行第二次的流量分发。如果你发过一两条"小爆款"，你会发现，能成为爆款的短视频，在这条短视频发布出去的10分钟以内，就已经有不少点赞和评论了。而且，大约一天后，你的短视频互动量会激增，这就是因为短视频已经被系统识别为"优质短视频"，被分发到更大的流量池去了。如果在这个流量池里取得的数据也不错，你的短视频就会被推向更大的流量池，并且在大约一周后达到互动数的稳定。

这条底层逻辑目前能给我们带来的提示是：如果你的某条短视频有望成为"爆款"，但过了两天却陷入瓶颈，不妨试试从各个维度进行分析，可以选择进行一些针对点赞、收藏、评论、分享的操作，也可以提高完播率、重复观看率，使之到达系统的某个标准，你的短视频就可以继续小"爆"一次。很多时候，一些半个月甚至一个月前发布的短视频突然火起来，也是因为有些用户搜索了其带有的关键词或标签，与短视频进行互动，系统于是继续完成将它分发给观众的使命。

如果要整合这两条底层逻辑，并且用更加内行的话来说，那就是：无论是TikTok还是抖音，系统都为每个直播间和作品设定了标签和权重。标签有助于算法更精确地识别内容的类别和受众，而权重则决定了内容在推荐系统中的优先级。通过优化标签和提升权重，可以提高内容被推荐的机会。

提升抖音账号的权重需要综合运用多种策略：首先，要确保内容质量上乘，吸引用户关注与互动；其次，要频繁更新和发布，保持活跃度，同时利用热门话题和趋势增加曝光度；最后，与粉丝和其他用户积极互动，建立良好关系，提升用户黏性。在后面的章节中，我们还将讲解如何通过优化标签和关键词，让算法更精准地推荐你的内容。

这两条底层逻辑，无论是在抖音还是在TikTok都是适用的，也许细微的规则会有些差别，比如流量的分配比例、分配人数等，但大部分是一致的。不过，有一点是需要准备做TikTok账号的新手格外注意的：TikTok的流量分发，在遵循这两条底层逻辑之前，还会根据账号所在的国家或地区进行定位，如果你的账号在初期没有一定的流量基础，是很难突破地域推荐限制的。这就意味着，你在发布短视频前，就要想好这些短视频的观众是谁，你的商品准备销往哪个国家。

如果你暂时没有决定好，那么首推美国，那是一个很大的市场；其次是东南亚地区，那里的物流比较便利，与国内风格也更相近；最后是英国，那里的TikTok市场体系较为完善，适合有跨境电商经验的人发展。

# 02 获得流量——手把手带你定位流量宝藏

　　TikTok的核心模块主要是短视频和直播，这两个模块的流量逻辑不太相同，因此，本节只讲在制作短视频时，如何更快更好地发现流量的增长点。在本书第7章，我们也会给出直播全攻略，相信我，只要打好了制作爆款短视频的基础，直播间就是不愁流量的。

　　人人都说TikTok拥有庞大的用户基础和丰富的流量资源，营销机会很多。然而，这些资源为何总是不在你手中？现在，我们就把流量分为免费流量、付费流量和私域流量，看看属于你的流量宝藏究竟在哪里。

## 1. 免费流量

前一节讲到，在你发布短视频之后，系统会根据一定比例把你的短视频发送给300~500人，当然，如果你的粉丝体量本身就比较大，那么第一次分发就能获得5000以上的播放量。免费流量的转化是最为自然的，如果你的短视频内容足够吸引人，商品定价合理且抓人眼球，用户就自然会想买你的产品。

比如，一个化妆品品牌想要卖新生产的高光膏和眼影，那么，它在TikTok平台上发的化妆展示或教学短视频里一定会明确提到，整个妆容的亮点就在于它的高光膏和眼影。假设，一位用户观看了短视频后被吸引，点击了品牌的链接进入官方网站，并在网站上购买了该品牌的产品。这个用户的转化过程就是免费流量的转化。

在这个案例中，还要注意到我所提到的这样一句话："化妆展示或教学短视频里一定会明确提到，整个妆容的亮点就在于它的高光膏和眼影。"上一节我们就说到，如果想要获得更大的流量，就要优化标签和提升权重，但系统使用了一套复杂的算法来评估每条短视频的质量，并根据一系列指标（如互动指标、交易指标、流量指标等）来排序和推荐内容。这些指标并非简单的线性排序，而是基于交叉排序的复杂体系，用户很难在短期内把握。但短视频内容本身就不一样了，如果你在短视频中巧妙地宣传了你的产品，并且自然地引导观众购买，那么，你的免费流量转化效果会非常好，甚至比你花大笔金钱投的广告有更明显的回报。

## 2. 付费流量

付费流量是指通过投放付费广告获取的流量。TikTok平台本身就提供这项服务，只需要支付一定费用，就能获得更多的曝光度和用户点击量。TikTok提供的广告形式非常多，包括原生广告、品牌挑战广告、品牌效果广告等。你也可以邀请一些博主带货，务必要找到风格合适的博主和达人。如果让一个走清新风的家居博主来接推荐暗黑系化妆品的广告，那显然是不合适的。一般来说，在你的流量稳定之后，你可以通过定向投放、预算控制等方式提高广告的效果和ROI（Return on Investment，投资回报率）。

付费流量其实很好理解，比如，一家服装品牌在TikTok平台上投放了一则原生广告，宣传其最新款服装系列；在广告投放期间，通过TikTok平台的广告投放报告，品牌发现有大量用户点击了广告，并进入了品牌的官方网站浏览商品；一部分用户在浏览过程中选择了购买，完成了交易，这些用户的转化过程就是付费流量的转化，他们通过品牌投放的付费广告获取了品牌信息，并最终实现了购买转化。

### 3. 私域流量

也许你会听到很多有自己企业的老板们谈论"要做私域"，他们其实就是在说私域流量。私域流量，其实就是你自身拥有的用户资源和客户群体。通过与TikTok平台进行合作或整合，可以把将私域流量导入TikTok平台进行营销推广，简单来说就是把线下流量转到线上。希望进军TikTok跨境电商的人，可能本来就已经在做跨境电商，有粉丝基础，这些人可以通过在TikTok平台上举办线上活动、发起话题挑战等方式，吸引私域客户参与，并将他们转化为TikTok平台的粉丝和关注者，进而实现品牌传播和流量转化。

举个例子，如果你是卖运动装备的商家，当你准备在TikTok开辟"战场"时，可以举办一个运动挑战活动，邀请用户录制并分享自己的运动短视频，并通过自身的社交媒体渠道、邮件营销等方式将活动信息传播给现有的私域客户，鼓励他们参与活动。活动期间，你还能做一些促销活动，类似于网络版的"新店开业大酬宾"。只要最终实现了私域客户的转化，就是成功。

总之，在TikTok的流量运作过程中，免费流量、付费流量和私域流量是相互交织的，一定不要把自己的思维局限在由系

统分发的免费流量上，要想让流量牢牢把握在自己的手里，就必须综合利用各种类型的流量资源，制定全面的营销策略，去形成一个多维度、多层次的流量生态系统。TikTok平台上的竞争其实一点儿也不小，但抓好流量的增长点，依旧可以快速成长，持续扩大市场。

# 03 灵活运用——三个妙招让你用好流量

现在，你应该建立起了一个概念：流量是非常重要的，它和能否售卖出商品直接挂钩。但是，"用好流量"就仅仅意味着卖出商品吗？

下面，我就要介绍三个妙招，它们能帮助你更好地利用TikTok流量。

## 1. 参与挑战活动

创造新的挑战活动可能是一件比较麻烦的事情，毕竟，创造挑战活动时，你需要去想这个挑战该怎样才能保持住微妙的平衡（既不至于简单到让人觉得没有挑战性，也不至于难到只有专业人士才可以完成），还得想想该给予参与者什么样的奖

励。不过，有时候你并不需要自己去创造一个挑战，你可以利用TikTok平台上流行的挑战话题或活动，制作与之相关的创意短视频。

比如，某运动品牌最近推出了一款新的运动鞋，为了吸引更多年轻消费者的目光，他们决定在TikTok平台上掀起一场创意风暴。品牌团队在短视频中精心编排了一段充满活力的舞蹈，其中特别展示了新款运动鞋的舒适度和时尚感，并给短视频加上了早已火爆的"#dancechallenge"标签。该短视频一经发布，便迅速在TikTok平台上引发了热烈反响。年轻人纷纷穿上这款运动鞋，在街头、家中甚至学校操场上模仿这段舞蹈并拍摄短视频，也都带上"#dancechallenge"标签。由于舞蹈非常动感魔性，挑战者也很有创意，这些短视频在TikTok平台上迅速传播开来，用户纷纷点赞、评论和分享。品牌的名字和运动鞋的款式频繁出现在用户的视野中，不仅让品牌获得了极高的曝光度，还激发了大量潜在消费者的购买欲望。随着挑战活动的持续进行，该运动品牌的销售额也水涨船高。越来越多的年轻人开始关注并购买这款运动鞋，成为品牌的忠实拥趸。这次挑战活动不仅成功地推广了产品，还增强了品牌与年轻消费者之间的情感连接。

因此，在运营账号初期，你可以直接选择与你的品牌或产品相关的挑战话题或活动。假如你的创意元素让观众有耳目一新的感觉："我怎么没想到这款产品还有这种用途？还可以如此千变万化？"那么短时间内，你就能展示出品牌或产品的特点，吸引大量用户的参与和关注，从而增加短视频的曝光度和互动量。在参与挑战的同时，你可以巧妙地植入品牌信息，提高品牌曝光度和认知度。如果你有了一定粉丝基础，也可以与其他账号联合发起挑战，同时引流多个领域，实现共赢。不过，切忌盲目跟风参与挑战，否则不仅会引起观看用户的疲劳，也会缺乏创意和个性，导致短视频被淹没在大量相似内容中。

## 2. 对标相似账号

当你在关注一个有一些粉丝基础（俗称"做起来了"）的账号时，你会发现页面下方出现了一排相似账号推荐，这些账号就是被系统认可的、携带一定标签的账号。你可以尝试分析、对比与你的品牌或内容相似的成功达人账号，了解其内容特点和用户喜好，借鉴其成功经验（内容类型、风格和互动方式等），优化自己的内容创作和推广策略，结合自身特点制订更有效的内容创作和发布计划。

不过，虽然TikTok平台上同质化的账号和内容很多，盲目模仿成功账号也是不可取的，缺乏自身特色和创新性一定难以吸引用户的注意和关注，还可能会被判定为洗稿或抄袭，引起不必要的纠纷，到时候好不容易建立的粉丝基础也会付诸东流。

### 3. 评论区抽奖

通过在短视频的评论区开展抽奖活动，吸引用户参与和互动，增加短视频的曝光度。我们要做的，只是拿出一部分本身利润不是很高的产品，制定详细的抽奖规则和奖品内容，比如关注账号参与抽奖，引导用户在评论区留言或@好友参与，提高短视频的互动率和用户参与度。在抽奖结束后，我们还可以用一些小奖励邀请获奖者发布反馈短视频，再赚一波流量。

有人可能会说，"我们是初创企业，投资也不多，怎么降低抽奖成本又获得流量呢？"有以下几个方法。

（1）合作赞助：与其他品牌或商家进行合作使其赞助抽奖奖品。比如，与相关行业的品牌合作，让其提供免费产品或优惠券作为奖品。

（2）提供数字化奖品：提供如免费电子书、音乐下载券、虚拟礼品卡等数字化奖品，这些奖品不需要实物邮寄，成本较低且方便快捷。

（3）提供自有产品或服务：将自己的产品或服务作为奖品。比如，如果是美妆品牌，可以提供产品试用装或折扣码作为奖品。

但是要注意，绝对不能虚假抽奖，否则一定会给你的

TikTok账号留下难以抹去的黑料。一旦有这种黑历史，账号乃至品牌都会受到严重影响，导致用户不信任、参与度低下，俗称"号废了"。

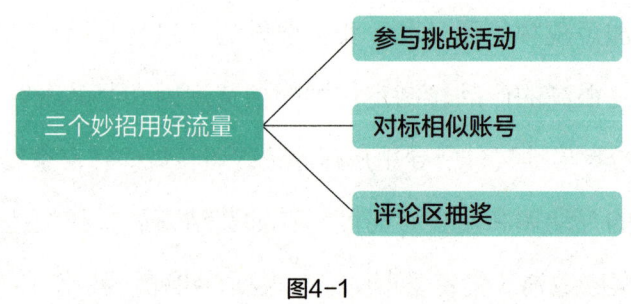

图4-1

现在，你可以打开手机里的TikTok，也许你会惊讶地发现：原来许多账号和品牌都在使用这些招数！但我也要给你提个醒，切忌盲目跟风和缺乏创新性，时刻保持对市场趋势和用户反馈的敏感度，不断优化和调整营销策略。

# 04 防范陷阱——新手最容易踩的三个"流量陷阱"

流量犹如河水，若是懂得引导，就能源源不断地为你带来惊喜；若是不善加利用，只会在漫长的河道中迷失方向。我们之前介绍了很多获得流量的方式，也许你会觉得，流量越多越好，仿佛有了流量，收益就能接踵而至。但是，我们想"做TikTok账号"，本质上是想借用TikTok的流量来做电商，而且，这对于中国人而言，在地域上还要特殊一些，属于跨境电商。因此，一定要和转化率挂钩，否则就不是我们需要的流量。

在追逐TikTok流量的跑道上，新手往往会像迷失在未知的森林中一样，踩中脚下的"流量陷阱"而不自知。在这个充满机遇和挑战的世界里，掌握正确的方法至关重要。然而，即便是经验丰富的老手，有时也会因为一时的疏忽而掉入"流量陷阱"，陷入困境。在这一节中，我们将探讨新手最容易踩到的三个"流量陷阱"，让我们一起来看看，这些"陷阱"是如何形成的，以及它们背后隐藏着怎样的危机和挑战。

## 1. 陷阱一：抄袭行为

在TikTok平台上，很多人会选择搬运他人的作品或抄袭他人的创意，这种方法在短期内可以创造出大量短视频，也可能会因为一些反对此行为的评论获得流量。诚然，抄袭者会在短期内获得一些流量和关注，但长期来看会造成对自身形象的损害。借鉴可以，但抄袭实在过分，抄袭不仅是对原创者的不尊重，也是对自己创意能力的否定。而且，TikTok平台会对抄袭行为进行惩罚，可能导致账号被封禁或短视频被删除，以至于丧失长期的流量积累和用户信任。人人都想偷懒，但这不是聪明的偷懒方式，从总体效益来看，这实在是得不偿失。

## 2. 陷阱二：过于依赖付费流量

如果你的账号粉丝基础本来就好，产品实力也过硬，购买后的消费者在其他地方看到你的产品广告，会有一种"我果然买对了"的欣慰感。但是，很多新手一上来就想把自己的事业搞得很大，于是买粉丝、买赞或买播放量，甚至为了省钱去第三方平台购买流量。也许一开始，你会因为快速增加的数据感到快乐，但这些粉丝可能并不真实，是一些"僵尸号"和"机器人号"。哪怕是真人使用的账号，当用户发现自己莫名其妙关注了一个从未看过的账号时，也会感到匪夷所思，并在心里唾弃这种行为。因此，一开始就依赖付费流量，对于账号的长期发展并没有多大帮助。

并且，这种方法对 TikTok 平台本身和用户体验都会造成负面影响。购买流量得到的粉丝，可能会导致 TikTok 平台上出现大量的垃圾账号；你的短视频也有可能在第一次分发流量时被系统分给那些"机器人号"，观看量反而得不到保障，账号往往会出现粉丝质量低下、互动率低的情况；而且系统会给你的账号打上"低质量"的标签，最后就是你完全没法获得正常的流量。如果购买粉丝是一个在任何时刻都非常有效的方法，那么毫无疑问，TikTok 平台上会出现很多频繁发布广告的内容或重复内容，这会严重影响用户的观看体验。

这时候有人可能就会问："既然不建议买粉丝，那么我能不能通过关注别人获取回关而增加粉丝量呢？"根据实际经验，依赖回关涨粉也是不可取的，这种做法可能会导致粉丝质量的降低。利用回关涨粉时，这些人并非你真正的粉丝，系统会判断为你与粉丝的互动性不强，也就不能精准地把你的短视频推送出去。因此，这种方式无法真正为品牌的营销带来实质性的帮助。

### 3. 陷阱三：为了流量偏离自己的商业模式

一些TikTok新手可能会为了追求流量，去强行蹭热度，总是追求热点话题和流行趋势，却不顾产品或服务的本质和用户需求。然而，在如今这个信息爆炸的时代，热点话题和流行趋势层出不穷，每天都有新的内容涌现，用户需要的是有价值、有深度的内容，而不是千篇一律的"流行风"。如果只是盲目跟风，没有自己的特色和定位，那么你的内容很容易就会被淹没在海量的信息中。

这种行为可能会在短期内让你获得一些流量和曝光，但长期来看会失去用户的信任和忠诚度。我们要明白，流量只是商业成功的一个方面，而不是全部。如果我们只关注流量而忽略了商业模式和盈利方式，那么即使获得了大量的关注和曝光，也难以转化为实际的商业价值。只有将流量与商业模式相结合，通过精准的定位和营销策略，将流量转化为实际的销量和用户黏性，才能实现长期的商业成功。

避免陷入这第三个陷阱的关键在于坚持自己的初心和定位，始终从用户需求出发，深入挖掘产品或服务的核心价值，打造有价值的内容。被短暂的流量和曝光所迷惑，从本质上来说，是一种短视行为。只有长期坚持规划和积累，才能慢慢形成自己的特色，在激烈的市场竞争中脱颖而出。

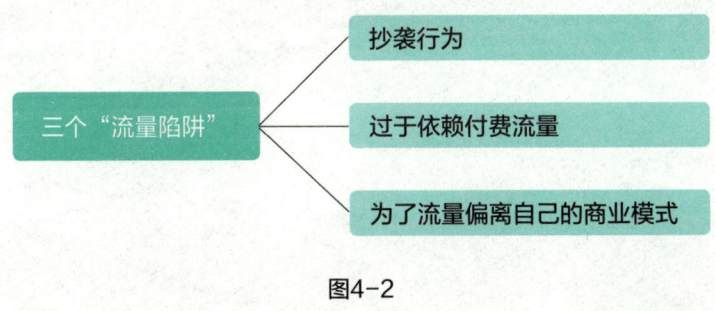

图4-2

在追求流量的过程中，新手们需要警惕这些"流量陷阱"，避免犯下不可挽回的错误。只有注重原创内容的质量和用户体验，坚持稳健的发展策略，才能在TikTok平台上取得长期且持续的流量增长。

# 第5章

# TikTok赛道的
# 选择

# 01 醒目独特——一个标签就是一份财富

前面提到，运营账号时要注意的两种模式是兴趣电商与搜索电商，在这一节，我们还是以这两种模式为例，看看我们应该如何打造及利用TikTok平台的标签。让标签垂直度高一些，成交率也会跟着高一些。

先复习一下这两种模式：兴趣电商是指通过兴趣、爱好或个人偏好来推动电子商务销售的模式，相比传统电商侧重于满足直接的需求，兴趣电商注重通过挖掘用户的兴趣和喜好，来引导用户发现和购买商品；搜索电商是指用户在电子商务平台上通过搜索关键字来查找和购买商品的过程，类似于传统的亚马逊，却又因为在TikTok这个平台上而与兴趣电商模式紧密联系在一起。

虽然划分了两种模式，但它们其实有着共通之处，即"标签"。

　　我们先来看看TikTok平台常见的标签有哪些。

## 1. 话题标签

　　这是TikTok平台上最常见的标签类型之一，用于标注短视频内容的主题或话题，如舞蹈挑战、美妆教程、搞笑短片等。只要点击话题标签，用户就能浏览与该话题相关的所有短视频。话题标签决定着短视频的主要基调，因此一定要添加，否则会引起系统在后台判定的混乱。有时候，同一个话题标签会有很多不同的表述，如果你想要拉拢流量，可以选择浏览量最高的前三个话题标签。

## 2. 挑战标签

　　前面提到的"#pizzachallenge"和"#dancechallenge"就是典型的挑战标签。如果你的账号是个人账号，不必想着自己创建挑战标签，利用某个已成型的标签录制相应的短视频就可以了，比如特定舞蹈挑战、化妆变装挑战等。说得通俗一些，这就是一种"蹭热度"的行为，但如果处理得当，将商品的特色与挑战本身完美地结合起来，就会事半功倍。

### 3. 品牌标签

当你有了个人的品牌后，在每一条自己的短视频下面都要记得标注品牌标签。用户点进某一个标签，是可以看到有关这个标签的所有短视频的。因此，加上自己的品牌标签，相当于在TikTok中生成了一个小小的私域，之后如果有用户发表反馈短视频，都可以集中在此处。

### 4. 地理位置标签和事件标签

这些常规标签可以让你更加精确地定位到目标客户，比如，在发布与旅游相关的短视频时，可以添加目的地名称作为地理位置标签；在发布与节日或活动相关的短视频时，可以添加相应的事件标签。通过在短视频中添加这些标签，你可以将内容推送给对特定地区或事件感兴趣的用户，提高短视频的针对性和转化率。这些标签基本上都是"自带流量"，还可以帮助你比较精确地锁定客户。

### 5. 个人标签

这类标签可以随意发挥，你的内容有什么样的特色，就添加什么样的标签，只要能够帮助用户快速地了解账号的特点，能够更加精准定位到用户的兴趣点即可。

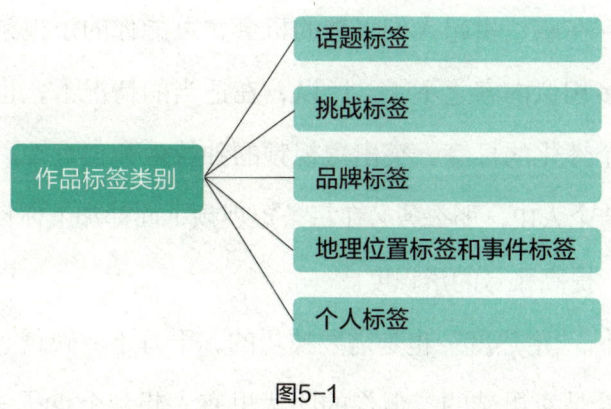

图5-1

　　如果你是一个新手，可能会在选择标签这件事情上犯难，那么你可以根据TikTok推荐的标签直接标注你的短视频。TikTok会根据用户浏览记录和兴趣推荐相关标签，所以，每次先打上系统推荐的标签，是不会出错的。当然，你也可以观察和自己的短视频相似的内容或对标账号的标签使用情况，了解他们选择的标签类型和策略，从他们的成功经验中借鉴灵感，并根据自身情况调整和优化。在发布短视频时，可以尝试使用不同的标签组合，并观察每个标签对短视频曝光度和观众反应的影响。根据实际效果，及时调整和优化标签选择，不断试错，找到最适合自己内容的标签组合。

　　本节标题中为何提到"一个标签就是一份财富"？因为在TikTok平台上，只要一个标签足够引起人们的兴趣，就会在短期内出现大量带有该标签的短视频，如果你不把握住在某一标签下刷存在感、引起人们兴趣的机会，可能你的短视频就会淹没在众多相似内容之下了。所以，在适当的情况下，也可以添加一些个性化的标签，突出短视频的独特性和创意性。假设你准备打造个人IP，那么务必在每条短视频下面都加上你自己的账号名称，提高账号的辨识度。

此外，"蹭热度"也是需要技巧的，千万不要硬蹭。比如，你的账号是卖男装的，但你的团队里有人想到个点子——把男装和化妆相结合，并选择制作一条短视频参加某个化妆挑战，那么很抱歉，你的短视频虽然可以获得流量，甚至有很多人会在短视频的评论区里吵起来，但你能得到的流量转化率可能很低。

虽然标签有助于提高短视频的曝光度，但过度使用标签可能会被认为是垃圾信息，降低短视频的可信度和观众的信任度。因此，要确保选择与短视频内容相关的标签，避免过度使用无关的标签。

# 02 知己知彼——选择赛道的必要前提

　　在互联网时代，你会看到很多网络达人都是乘着"东风"一夜爆火的，于是诞生了这样一句话——"选择大于努力"。笔者认识一个朋友，化名小梅，她曾经投了70万，准备在TikTok平台上做自己的女装品牌，从起号到选品，从短视频制作到售后服务，几乎都是她亲力亲为。然而，她的女装走的是偏高端路线，都是有着大裙摆和闪片的礼服。

　　不得不说，这种礼服在直播间里的展示效果是很好的，看的人多，但下单的人特别少。小梅也感到奇怪：为什么在国内做实体生意、电商都能卖得好，到跨境电商就不行了呢？针对这个结果，价格、品牌、物流速度方面都有原因，但最重要的是，小梅在做TikTok跨境电商前没有选好赛道。

所以说，选择赛道是你在入行TikTok跨境电商前最重要的一步。

我们说的选择赛道，本质上就是在选择自己想卖的货。哪怕你是想做一个个人账号，用搞笑或才艺博得观众的喜爱，你也必然面临流量转化的问题。如果你接广告接多了，观众是会感到厌烦的。想要长久盈利，你还是得做出自己的品牌，否则就只能等着更有实力、更能跟得上热点的达人把你的位置挤下去。而在TikTok这个流量为王的短视频软件中，一旦你有了颓势，再想翻身就很难了。接下来，我将教给你选择赛道的三个窍门。

## 1. 了解自己的兴趣

就像案例中提到的小梅，虽然她在没有分析清楚市场情况的前提下就一股脑入了行，但她能坚持下来，而且对这件事充满热情，说明这是她的兴趣所在。每个人感兴趣的领域不一样，你一定不能听别人说的"××商品利润高""××商品是风口"就盲目去投。如果你对这款商品没有感觉，在制作短视频或给商品标价格的时候，你就只能被其他人牵着鼻子走，这会让自己陷入被动。此外，如果你对某样东西没兴趣，为之制作的短视频呈现出来的结果大概率会是毫无特点的，这样胜算也不大。因此，宁可牺牲一些利润，你也要选择自己感兴趣的或本来就在做的产品。

当然，可能有人就是想同时涉足多个领域，其实这也是可行的，而且，大多数做得比较成功的商家，都会在资金充沛的时候选择增加投入，从而提高收益。如果你本来是做女装生意的，你可以顺便卖包、卖鞋，也可以卖项链等。当你有了前期的沉淀后，就有了资本跨领域，不管你跨领域做的产品的质量和价格在市场上是否具有绝对竞争力，都有一批关注你、喜欢你的粉丝支持你，因此在后期，把你的赛道扩展得远一些是没问题的。不过，前期的定位必须准确且单一，只有在一个领域内先做好了，另一个适合你做的领域才会慢慢出现。

### 2. 对自己有清晰的了解

做生意最怕的就是自己头脑不清晰，听别人说哪个赛道能快速回本就一股脑冲进哪个赛道里。在做决策之前，你得先问自己这样几个问题：你的商品货源在哪里？有没有专门的供应链？如果没有，你怎么保证商品的品质和价格？你能在TikTok投入多少资金，准备主要做短视频还是主要做直播？如果你想短视频、直播两手抓，你的团队人员忙得过来吗？如果你想在TikTok之外的平台（如Instagram和Facebook）再开辟自己的私域，你的团队里有会运营不同平台的人吗？如果你已经做过抖音账号了，想用同样的团队在TikTok平台上复刻一次成功，你有考虑过语言、文化、政策、平台、竞争对手等一系列变化带来的问题吗？

举个例子，如果你想像小梅一样去做女装品牌，在锁定货源时，一定要注意和TikTok平台上同品类的商品相比较，你可以去观察他们的直播间风格和短视频风格，计算他们的利润，然后在确保自己利润的基础上，再决定选择哪条供应链。而且，哪怕解决了供应链问题，短视频方面还需要培训短视频剪辑人员，直播带货方面也涉及主播培养、直播间布景（灯光和装潢在时尚板块尤其重要，观众都很看重"颜值"）、直播优惠设置、玩法设置、直播流量保存等一系列问题。钱要花在刀刃上，每个赛道都有不同的"刀刃"，时尚板块需要颜值，美食板块需要色香味，家居板块需要质量……你只有抓住自己产品的痛点，才能在自己真正的盈利点上获胜。

### 3. 以自己的预算为考量尺度

你可以选择在直播间里做"9.9元包邮"活动，但你得考虑好，这种在初期几乎不盈利的卖货模式，真的能为你积攒很多客源吗？大部分愿意在直播间开展这种活动的商家，都已经在国内有了自己比较稳定的产业，在TikTok平台上开展这种活动对他们来说可能相当于一次广告宣发，后期是一定能得到高收益的。但如果你的团队规模比较小，在复刻他人模式之前一定要想清楚自己的资金能不能承受。并且，如果你初期准备的资金比较少，就不要选择大型物品或运输方面有困难的东西（电池、粉末、液体等），老老实实地去卖一些低成本的货物会更好。

总之，一定要在结合自身条件的情况下理性分析，清楚你的商品如果和同类产品在同一个平台上竞争有多少利润、有多少胜算，知己知彼才能百战不殆。

# 03 常规路线——稳扎稳打的教科书

　　在用前一节提到的三个窍门对照你的个人情况之后，想必你对选择赛道已经有了一些想法，再结合数据分析，也许你心里已经有了3~5个意向赛道，可能这些赛道的距离非常近，比如，你既想卖化妆品，又想卖护肤品；可能这些赛道有些"八竿子打不着"，比如，你既想卖一卖紫砂壶，又对男装领域很感兴趣。不过，在起号初期，你最好只选择一个领域去操作，而且，哪怕你的账号已经做大了，你仍然也是不好换赛道的。你的粉丝都是因为你之前的产品积攒起来的，这几乎就代表着你的名片。下面就举例分析一下进军TikTok跨境电商的常规路线，希望你能够确定自己的专攻领域。

　　假设有一个名叫王明的短视频制作者，他在国内做珠宝首饰生意，尤其是珍珠，在抖音上经常发他开蚌取珠的短视频，用户的黏性也很大。最近，他发现，在国外卖珍珠类首饰有很大利润空间，只要加以品牌包装，就能比在国内更挣钱。于是，他打算进军TikTok跨境电商领域。

## 1. 第一阶段：准备和定位

首先，虽然在国内短视频领域已经小有名气，但在进入TikTok之前，王明还是做了充分的准备和研究。他研究了国外市场，了解了目标客户对珍珠首饰的喜好、价格敏感度和购买习惯，还研究了TikTok平台上其他珠宝品牌的表现和策略。

接着，他决定创建一个独特的品牌形象，把自己的品牌给打出去。他给自己账号的昵称取为"PearlMagic"，头像是一颗圆润饱满、光泽度极佳的珍珠，突出珍珠的神秘和奢华。他的目标是将品牌打造成高品质、独特设计和卓越工艺的代名词。

最后，他分析了自己的库存和供应链：珍珠比较轻，物流方面不用担心，那么库存方面呢？因为自己本身就有养殖基地，所以王明能够确保珍珠供应链稳定可靠。但有一个问题，就是他的养殖场比较小，于是，他联系了他在业界的不少好友，并且和一些优质珍珠供应商建立了合作关系。

## 2. 第二阶段：建立品牌和粉丝基础

起初，王明对TikTok的运营规则和文化差异并不了解，他只能借鉴在国内的经验，尝试发布一些类似的短视频，比如开蚌取珠的过程，然而，效果并不理想，短视频的播放量远远低于他的预期。于是，他开始思考怎样才能把他的品牌建立起来。他发现，开蚌取珠的短视频虽然能让用户看到产品的真实性，却与品牌打出的奢华格调有所区别，于是，他转而展示珍珠首饰的设计思路、制作过程和完工成果。

不仅如此，王明也注重提升自己在TikTok平台上的形象。他还尝试打造品牌故事，分享自己对珍珠的热情和故事，让观众了解他的品牌理念。于是，他不再仅仅是一个短视频制作者，而是成为一个有品质、有格调的珠宝品牌代言人。他经常在短视频中分享自己的珠宝知识和审美观念，与粉丝们进行深入的交流，逐渐形成了自己的品牌格调和粉丝基础。

## 3. 第三阶段：扩大销售渠道和优化流程

王明继续发展品牌，同时优化销售渠道和流程。他安排了专门的运营人员回应评论和私信，与粉丝互动；也参与了各种挑战和活动，如珠宝设计比赛等；甚至争取到了和知名TikTok时尚达人合作的机会。他也开始尝试直播带货，展示珍珠首饰，并在直播期间回答粉丝的问题。这种方式不仅增加了销售额，还加强了粉丝与品牌的互动。由于需要购买的人比较多，他还开始在其他电商平台上销售珍珠首饰。

然而，就在王明准备大展拳脚的时候，他却遭遇了一次严重的挫折。由于他对市场需求的误判和对供应链的把控不当，他的一批珍珠首饰在海外市场滞销，造成了不小的经济损失。这次挫折让王明深刻认识到了市场的重要性和风险的存在。他开始重新审视自己的经营策略，并进行了一系列的调整。他加强了与供应商的合作，优化了产品的设计和生产流程，同时也加大了对市场的调研和分析力度。"舍不得孩子套不着狼"，王明还把已经获得的收益的一部分投给了物流和售后服务，以确保业务的稳定发展。

## 4. 第四阶段：持续创新和品牌拓展

经过前期的摸索与挫折，王明已经深刻认识到了品牌的生命力源自不断地创新和拓展，也更加明白自己商品的优势和劣势。于是，他带领着团队，踏入了持续创新和品牌拓展的新征程。他不断推出新的珍珠首饰设计，满足不同客户的需求，并且结合国内外的热点，比如"国潮风""废土风"等，给珍珠首饰打上了文化的标签，这不仅结合了传统与现代的元素，更融入了个性化的理念。

同时，王明也意识到，单一的珠宝类别已经无法满足市场的多元化需求。于是，他开始探索其他珠宝类别，如玉石、钻石等；并对品牌业务进行扩展，如珠宝护理产品、珠宝配件等。

　　更值得一提的是，王明还非常重视品牌的文化基础建设。他深知，一个品牌要想长久地立足于市场，必须拥有深厚的文化底蕴。于是，他与科普达人合作，发布了珍珠养殖教育短视频、探讨珍珠文化的短视频等内容。这些短视频不仅增强了品牌的知识性和权威性，也让消费者更加深入地了解了珍珠的文化价值。

　　这个故事的结局，就是在一年半之后，王明已经得到了600万元人民币的纯利润。他把握住了每一个机遇，也处理好了每一次风险，因此能不断创收。

# 04 个人路线——把自己打造成一个特别的IP

上一节我们说了在TikTok跨境电商中比较常规的路线：你有货想要卖，而TikTok为你提供了一个具有诸多可能性的平台，让你能更好地发展自己的事业；也许你本来是一个珍珠养殖户，但通过一步步的包装和营销，你能摇身一变成为大老板和高级珍珠首饰的商家代表。

但是，大部分人其实是不具备卖货的资质的。有一些人看到网红的成功，也想试一试自己能不能依靠发短视频挣一些外快，或借着短视频的东风开启自己的商业之旅。这种人并不在少数，初创基金比较少，身边支持的人也不多，在商业评估中很可能是不合格的。但好在，TikTok平台上有一类用户是"达

人"，他们或许一开始就依赖于团队，或许在自己发布了一些短视频后被公司看重，又或许自己从一个初出茅庐的小主播成为TikTok的"顶流"。人们提到某个产业或兴趣爱好，有时候想起的并不是大公司而是这些达人。如果你也想从中分一杯羹，那么，注册好个人账号以后，我们来看看"把自己打造成IP"需要分哪几步。

假设你是一个喜欢做手工艺品的年轻人，经常做一些纸质的、布质的及木质的艺术品，现在你想要把自己做的手工艺品放在TikTok平台上卖，于是你准备创建一个个人账号，并且通过发布制作手工艺品的短视频、露脸介绍你与手工艺品的联系等方式吸引粉丝。你的发展四阶段可能是下面这样的。

## 1. 第一阶段：探索和定位

就像第3章说到的个人账号的创建那样，在开始你的TikTok之旅时，首先要明确自己的定位和目标用户。这个阶段，你可能会感到迷茫，想要学达人拍一条制作布艺装饰的短视频，却不知道镜头怎么放比较合适，也不知道怎样才能比较好地把握短视频节奏。

但在你尝试性地发出一两条短视频后，你的TikTok首页会开始给你推送一些手工艺人的成功经验和热门短视频，于是你会发现：原来这个平台的用户喜欢看这些而不喜欢看那些。于是，你允许自己多多尝试各种类型的短视频，包括展示手工制作过程、介绍手工艺品背后的故事、分享手工技巧等。

这期间，你可以通过收集不同短视频的互动数据，不断尝试和探索，找到适合你内容和风格的短视频类型。如果你运气好，在这个阶段可能会出现一些"爆款"，但这个概率很小，即使出现了，你可能也无法承接住巨大的订单量。因此，最好的方式就是不断推出新内容，逐渐积攒人气。

## 2. 第二阶段：建立品牌和粉丝基础

在这个阶段，你需要开始建立你的个人品牌和粉丝基础。经过第一个阶段的艰难摸索后，现在，你大概明白了应该怎样制作一个引人入胜的短视频。

你可以像前一个阶段那样，继续展示手工艺品的制作过程，分享你的创作灵感和故事，让观众更加了解你与你的手工艺品之间的联系。如果你熬过了前期的那些流量陷阱，坚持了两到三个月，那么，这时你必须要找准你的风格定位，即你的垂直领域。你要保持一致的发布频率和内容风格，让观众知道他们可以在什么时间期待你的新内容，这有助于稳固你的观众群体。

TikTok平台上的内容竞争异常激烈，手工类短视频虽然有其独特的魅力，但要在众多内容中脱颖而出并非易事。这需要你的团队创作出高质量、有创意的手工短视频，展示手工艺创作者的精湛技艺和产品的独特性。在建立品牌方面，你需要注重品牌故事和文化底蕴的打造。你可以通过讲述手工艺品的制作过程和背后的故事，传递品牌的价值和理念，增强用户对品牌的认同感和忠诚度。同时，你还可以利用抖音平台上的社交属性，与用户进行互动和交流，建立更加紧密的联系。不同于5.3节那个有团队的案例，对于个人账号而言，"讲故事"最好早早开始，因为手工艺品通常具有较高的制作成本和较长的制作周期，如果不事先传递好"手工制作的东西是值得等待的"这一观念，消费者可能会等得非常心急，从而影响真正的成交率。

## 3. 第三阶段：与粉丝互动和跨平台推广

在你建立了一定的粉丝基础后，与粉丝的互动变得至关重要。回复评论、进行直播互动、回答粉丝的问题，让粉丝感受到被关注和重视，有助于提高他们的忠诚度。同时，利用其他社交媒体平台如Instagram、YouTube等，对你的TikTok账号和内容进行推广，吸引更多的粉丝。

并且，如果在这个阶段有了一定的资金积累，你可以尝试着设计一个专属于自己的品牌Logo，也可以慢慢吸纳一些团队伙伴。当然，如果没有太多精力去管理一家很大的店铺，也可以尝试录制一些有关手工制作的教程短视频，电子课程一般都有很好的销量。

### 4. 第四阶段：持续学习和改进

在你建立了稳定的粉丝基础和个人品牌后，持续学习和改进变得至关重要。

TikTok平台上的短视频更新迭代非常快，只要你一段时间不出现在这个平台上，可能就会被自己的粉丝忘记，系统也会将你默认为不活跃用户，不分配给你流量。因此，要不断学习TikTok的最新趋势和技巧，根据观众的反馈不断改进和优化你的内容和策略。

总之，如果你想按个人路线做一个账号，有个人特色+有恒心是非常重要的。不断改进自身，多发短视频，在观众面前"刷存在感"，哪怕你再不懂商业模式，也会慢慢积累属于你的粉丝群体。

# 第6章

# TikTok短视频
# 攻略

# 01 内容盘点——分析TikTok 短视频的两个方面

　　现在，我们要搞清楚一个概念，那就是"玩TikTok"不等于"做TikTok"。如果你现在只是一个普通的短视频用户，你也许会觉得自己每天都刷上百条短视频，看过的短视频类型已经很丰富了，但在系统的推荐机制之下，没有人可以知道短视频到底有多少种类型，到底有多少条赛道。一旦你说你想做TikTok，就意味着你要在这个领域内完成你的商业架构，比起普通的用户，你得更全面地把握TikTok平台上所有短视频的花样，这样才不会在制作短视频时毫无头绪，也不至于在看到竞争对手用了"奇招"之后手忙脚乱。

　　我们可以从以下两个方面来分析TikTok短视频。

## 1. 短视频的基础结构

通常而言，一条成型的短视频包括以下几个要素。

（1）内容。不论在哪个领域，内容都是短视频绝对的核心。你的短视频可以没有剪辑，没有配乐，没有华丽的特效，但不能没有内容。有时候，一条简简单单的吐槽短视频也能爆火，靠的就是引起人们共鸣的内容。你的短视频内容，可以是真人表演、动画短片、场景剧情，也可以是手工教程、趣味盘点、商品对比、音乐舞蹈等。内容形式并没有限制，出新出奇反而能让观众眼前一亮，因此，你要尽量把你的短视频内容打造得更有创意性和趣味性，从而更有吸引力。

（2）音乐。音乐在TikTok短视频中扮演着重要的角色，可以增强短视频的节奏感和情感表达。你可以选择TikTok平台提供的音乐库中的歌曲，或自行上传喜欢的音乐，与短视频内容相配合。如果你是刚开始制作短视频的新手，对使用音乐并不熟悉，可以直接使用素材库里使用频率较高的音乐，一来，不会侵犯著作权；二来，观众对使用频率高的音乐已经很熟悉了，在看到你的短视频时会有更好的包容度和接受度。

（3）特效和滤镜。注意，虽然TikTok平台本身就提供了丰富多样的特效和滤镜，可以为短视频内容增添各种奇妙的效果和视觉效果，但如果你没有足够的创造力，最好慎用滤镜。

比较适合用滤镜和特效的短视频有颜值类短视频、趣味类短视频、舞蹈类短视频等，如果你的短视频面向实用领域，最好不要用太过花哨的特效，以免装饰盖过内容。

（4）剪辑。哪怕你只是一个新手，直接使用TikTok平台提供的剪辑功能去添加文字、动画和转场效果，做出的短视频也能够比"素人"式的短视频更加精彩。并且，很多爆火的短视频都是非常注重剪辑的。

（5）互动元素。前面提到，TikTok系统给你推送流量的前提是你的短视频有很好的观众互动率，那么，为了提高观众的互动性和参与度，你可以添加各种互动元素，比如投票、挑战、问答等；以及一些争议性的话题，比如一直很火的"喜欢吃甜豆腐脑还是咸豆腐脑"等。互动内容的参与门槛不要太高，讨论起来也不要涉及敏感内容。如果你的目的是做TikTok跨境电商，可以在每个月固定的时间出一期短视频，进行抽奖活动或发放优惠码，数量不需要太多，达到提高传播率的效果即可。

## 2. 短视频内容的具体导向

我们可以大致将TikTok平台上的短视频内容分为娱乐内容与实用内容两类。那么，这两类内容的具体导向有什么区别？

娱乐内容并不是完全肤浅的，通常，它能够很轻易地触动用

户的情感，引发共鸣和情感连接。它往往以轻松愉快、节奏明快的方式呈现，符合用户在社交媒体上浏览时的心理需求。并且，大多数娱乐短视频往往充满创意和想象力，因此人们传播的意愿也更高。

实用内容有时也是以娱乐方式呈现的，但它的核心仍然是解决用户日常生活中的实际问题，满足用户的需求和利益。它通常包含有价值的知识和信息，能够帮助用户获取新知识和新技能，提升用户的生活品质。实用内容的针对性更强，带货变现的能力也更强。

无论你是新手还是老手，都要了解清楚TikTok短视频的这两个方面。在TikTok这个竞争激烈的舞台上，离开了具体的短视频内容，账号就无法生存。在本章的最后两节，本书会详细讲解应该如何制作有关娱乐内容和实用内容的短视频。

# 02 完播诀窍——提高短视频完播率的三条要诀

在4.1节中曾提到，完播率也是影响短视频流量的重要因素之一。但是，也许刚接触TikTok的人会感觉很为难，尤其是那些可能没有足够资金去找专业摄影师、剪辑师的个人创业者，要快速提高完播率确实不简单。本章将教给大家三条提高短视频完播率的要诀，虽然有套路化之嫌，但仍可快速拿捏观众心理。

## 1. 要诀之一：把握"黄金前三秒"

短视频的观众往往是没有耐心的，这就要求你把最精彩的、最吸引人的内容放在开头，你可以用以下几种方法做一些

尝试。

（1）将短视频最吸引人的地方总结成一句话，在短视频开头就告诉观众，迅速吸引观众的注意力，让他们对短视频产生兴趣。比如，如果是一段美食制作类短视频，可以在开头用配音宣称："今天我将教你如何做出口感鲜嫩多汁的烤鸡，绝对让你胃口大开！"甚至，你还可以加上："悄悄告诉你，有些五星级酒店也是这样做的哦！"这样的开场白会让观众对短视频的内容产生好奇心和期待感，从而更有可能观看完整条短视频。

（2）在开头直接告诉观众，这条短视频能带给他们什么样的价值（收益或知识）。比如："这条短视频将教会你一种简单又实用的健身方法，让你在家也能轻松保持身材！""这条短视频分享了五个提高工作效率的小技巧，帮助你更高效地完成任务！"这样的开头可以让观众明白观看该短视频的意义，并且对内容产生认同感，从而更有动力继续观看下去。

（3）在短视频的开头可以使用一些引人注目的画面或特效，如鲜艳的颜色、动态的图像、引人入胜的场景等，来激起观众的兴趣。比如在开头的文案上增加弹跳的文字特效，或者把开头的图片修得鲜艳亮丽一些。这样的视觉吸引力能够让观众对短视频产生好奇心，进而激发他们观看下去的欲望。

## 2. 要诀之二：打造短视频的氛围感

短视频也得讲究"沉浸式体验"，一个有氛围感的短视频，一定在视觉、听觉、环境等方面狠下功夫。

（1）色彩和光影对于营造短视频的氛围和烘托情绪起着至关重要的作用，合理运用色彩搭配和光影效果，可以为短视频增添不同的情感色彩和氛围。比如，选择温暖的色彩和柔和的光影效果，可以营造出轻松愉悦的氛围；选择明亮的色彩和强烈的光影效果，可以营造出紧张刺激的氛围。当然，如果你刚刚入门，且拍摄的也是比较日常的短视频，选一个阳光比较好的天气，打开灯，再加上一块反光板，就能满足大部分拍摄需求了。

（2）选择好的音乐能让你的观众在短视频前停留更久。举个例子，星巴克发布的短视频一般都选择轻松愉快的音乐作为BGM，与短视频中展示的咖啡制作过程和咖啡店氛围相配合，轻松愉悦的氛围能让观众没有负担地看完短视频，从而提升完播率。不过，音乐的使用绝对不能侵权，否则短视频很可能会被举报下架。

（3）选择恰当的背景和道具，可以让观众更容易理解短视频的主题和情感表达。比如，如果是一段有关健身的短视频，可以选择在健身房或户外健身场地拍摄，通过展示健身器材和健身环境，提高短视频的真实性。

### 3. 要诀之三：制造压轴好料

这条要诀是直接指向高完播率的，当然，有人可能会忍不住直接拉到短视频的最后，那么，你可以在开头给出"看完前面的才能知道最后一个有多震撼"等文案，以勾起观众的兴趣。

（1）可以在短视频开始时，通过简要介绍短视频的内容和亮点，提前使观众产生兴趣。最好是制造一些悬念，让观众期待后续的内容。比如，在旅游攻略短视频中，可以在开头透露最后会有一处秘密景点的介绍，并且打上"冷门""小众""宝藏"的标签，把观众的期待值拉满。

（2）在短视频播放的过程中，逐步展开内容，将重要的信息和干货留在最后揭晓。这样可以让观众持续关注和观看短视频，直到最后获取到他们想要的有价值的信息。比如，在健身教程短视频中，可以在开头提及最后会分享一套高效的训练计划，然后在短视频中逐步介绍各种锻炼动作和技巧，最后再呈现出完整的训练计划。

（3）在短视频开始时，可以提前介绍短视频内容的总体概况，并强调最后一点最重要。这样可以让观众在观看的过程中保持期待和好奇心，直到最后获取到最重要的信息。比如，在投资理财类短视频中，可以提前介绍有五个投资技巧，并强调最后一个是最关键的，然后在短视频播放的过程中逐个介绍这些技巧，最后再深入阐述关键技巧的重要性和操作方法。

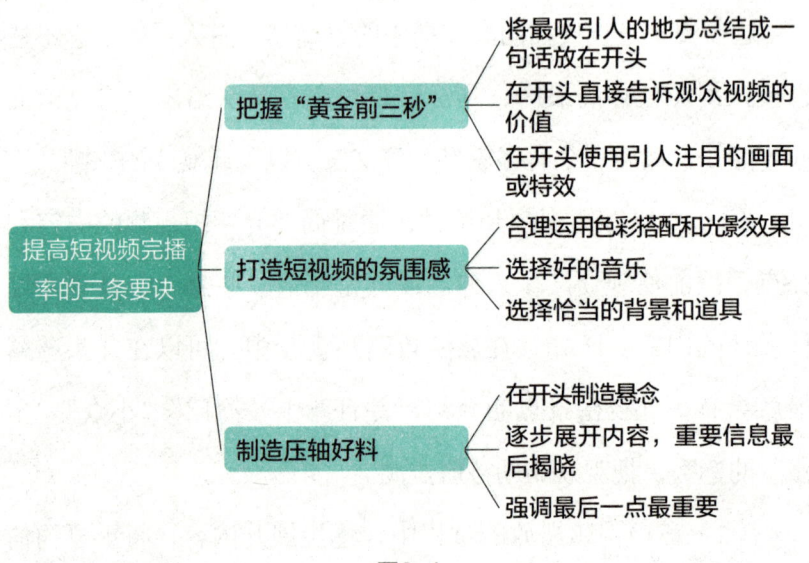

图6-1

短视频时代，内容为王，但技巧同样不可或缺。在创作短视频的道路上，掌握这三条要诀无疑会为你的内容增添更多的吸引力。无论是迅速吸引观众的注意力，打造身临其境的氛围感，还是将最好的"料"留在最后，都是提升短视频完播率、增强观众体验的关键。同时，我们也要时刻牢记著作权的重要性，确保我们的创作不会因侵权而受到影响。

# 03 娱乐内容——制作轻松解压的短视频

在6.1节我们提到，除了短视频的基础结构，短视频内容的导向也尤为重要，它决定了短视频是否能够吸引目标用户的注意力。具有吸引力的内容能够引起用户的兴趣，让他们愿意停下来观看并深入了解，从而给品牌传播创造机会。

TikTok平台上具有较长观看时长和较多观看次数的短视频一般是娱乐内容。用户在观看这些内容时获得了休闲娱乐的快感，也更愿意将其分享给朋友和家人，通过口碑传播将其扩散到更广泛的受众群体中，从而增加其曝光度和影响力。这里将TikTok平台上的娱乐内容大致分为以下几个类别，并进行简单的分析。

（1）第一类是搞笑类短视频。这类内容以制造笑点为主要目的，通过滑稽的表情、搞笑的动作或有趣的情景让观众忍俊不禁，通常会利用特效、配音或剪辑手法增加趣味性。如果你想走这个赛道，最好自己就是一个有幽默感的人，并且可以尝试发布一些汉语和其他语言的"谐音梗"短视频，大概率有比较好的效果。

（2）第二类是宠物类短视频。萌宠领域是泛娱乐赛道中较好获得流量的，只需要展示宠物的可爱、搞笑或有趣的行为，如狗狗的搞怪表情、猫咪的调皮动作等，就能够让观众快乐地放松心情。不过，这类短视频的变现率比较低，大部分商家只能卖宠物粮、宠物服饰及其他宠物用品；而面向全体观众的商品，无非是一些周边文创，因此赛道是相对狭窄的。

（3）第三类是各种挑战类短视频，如手工制作、美食烹饪、绘画艺术、唱歌跳舞等，门槛一般不高，只要你想蹭热度，就可以带上某个挑战的标签。如果你的挑战短视频相比其他人的确实有特别的地方，流量就会自然向你涌来。但切记，挑战类短视频一般要花费比日常短视频大得多的精力，且要选择合适的挑战，不能看见一个挑战就去参加。

（4）第四类是时尚类短视频，包括化妆教程、时尚搭配、美甲展示等。要制作这类短视频，你可以找本身颜值就很高的人，也可以尝试把一个普通人"爆改"成与原来差别巨大的新样子。对于时尚类短视频，人们是非常容易审美疲劳的，所以，如果你能找到一些新的赛道，或是一些新的展示化妆技巧、搭配技巧和审美水平的方式，那么你的化妆品和化妆课程，甚至是妆容套餐都会很容易畅销。

（5）第五类是生活类短视频，一般以Vlog的形式呈现。你可以记录日常生活中的有趣瞬间，比如旅行经历、美食探店、家庭生活等，展示真实生活的点滴，引发共鸣。当然，在这类短视频中可以植入一些产品推广内容，否则可能有点儿难以回本。

（6）最后一类娱乐内容可以算是"后起之秀"，在抖音上一些"土味小短剧"爆火，有人把它搬运到TikTok平台上，结果同样大受欢迎。如果你有意创办一家传媒公司，可以拍摄一些收费观看的小短剧，核心词是"爽感"。如果能让观众急着付费去看下一集，那就算是成功了。

当然，在为TikTok制作短视频之前，你需要稍微忘记一些抖音用户的审美倾向，因为TikTok的节奏更快，更需要内容的直白和易懂。接下来，我们以拍摄并剪辑制作薯片的Vlog为例，看看制作娱乐内容的四个基本步骤。

第一步，规划内容。在开始拍摄前，确定要呈现的主题和亮点，规划短视频的内容和故事情节，确保短视频能够吸引观众的注意力。比如，我们是想展示薯片的独特制作过程，还是强调其独特口味，或是与观众分享吃薯片时的快乐瞬间？确定好主题后，我们还要进一步细化内容，准备素材和布景，包括要出现的场景、道具、台词等，以确保短视频内容的连贯性和吸引力。

第二步，进行拍摄。选择合适的拍摄地点和角度，捕捉到薯片制作过程中的每一个细节。确保画面的清晰度和稳定性，同时注重抓取每个镜头的亮点和特色。比如，可以拍摄切割土豆、炸制薯片及添加调味料的过程。在拍摄过程中，一些能够引起人们食欲的小细节也是值得记录的，比如土豆的切片、油花的飞溅、薯片的金黄等，这些都能为短视频增添不少看点。

第三步，剪辑短视频，添加音乐和特效。在剪辑短视频时，要确保节奏的快速和画面的生动，删除冗长的镜头和无关的内容，突出短视频的重点和亮点，使整个故事更加流畅。同时，可以添加一些字幕或语音，使观众更容易理解短视频的内容。在音效和配乐方面，我们要选择与短视频内容相匹配的音乐和特效，营造出轻松、欢快的氛围。TikTok平台上的短视频通常都伴随着欢快的音乐和简洁有趣的特效，这可以大大提升观众的观看体验。

第四步，选择合适的标签并积极互动。在发布短视频之前，我们要为短视频选择合适的标签。这也是TikTok用户发现新内

容的重要途径之一。通过选择与短视频内容相关的热门标签和挑战活动标签，我们可以让短视频更容易被用户发现和分享。同时，我们还可以关注一些与短视频内容相关的账号和话题，与其互动并吸引更多的粉丝关注。如果这条短视频刚好可以参加某个挑战活动或蹭到某些热点，那就再好不过了。

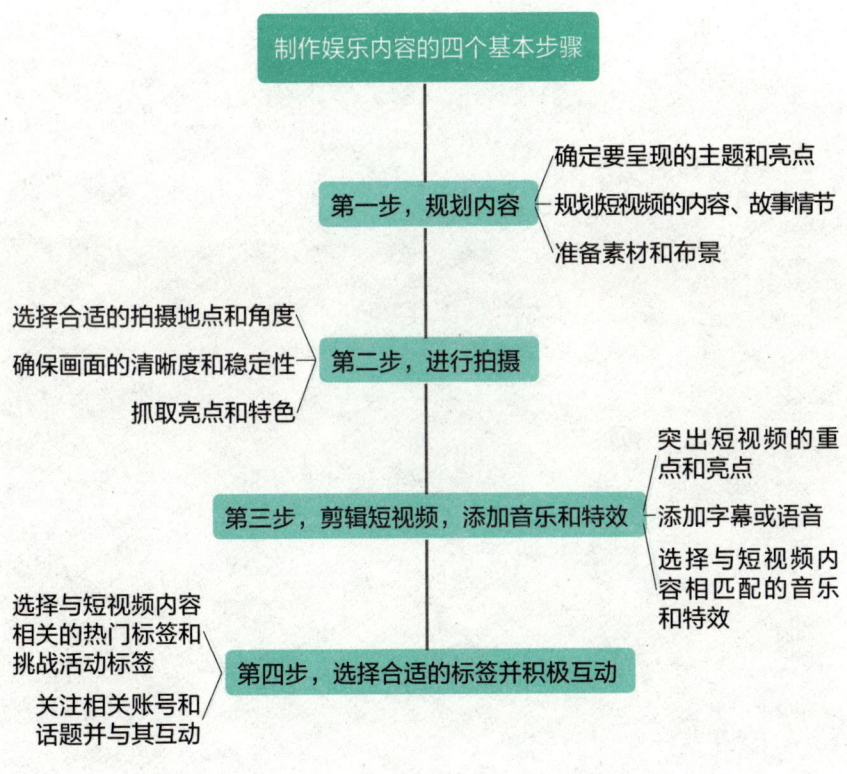

图6-2

娱乐内容的制作是比较依赖"网感"的，你得经常浏览

TikTok平台上的热门短视频，了解当前流行的内容和趋势，并且在剪辑短视频时，注意短视频的节奏和关键点，才能尽可能多地留住观众。短视频的最后，别忘了引导互动，鼓励用户点赞、评论和分享短视频。有些观众可能看了很多遍都不会与短视频互动，此时，适当的引导是非常必要的。

# 04 实用内容——针对观众痛点给干货

当我们在谈论"实用内容"时，我们究竟在谈论什么？有些新手可能会觉得，实用就是把一款产品能够解决什么问题拍成一条短视频，从而达到带货的效果。然而并非如此，我们说的实用内容是在TikTok平台上能够为观众提供实际价值或帮助解决问题的短视频。

不可否认，这些短视频可能涉及各种主题，包括生活技巧、教程、DIY项目、美食制作、健身锻炼等。因为每个人都希望自己过上更加方便快捷的生活，所以一些生活小妙招能够吸引观众并激发他们参与和分享。但同时，你要考虑到"有需求就有市场"，难道一些看上去比较贵且不实用的东西，比如之前提到的珍珠，就只能被划分到娱乐内容里吗？

"实用"指的从来不是看上去朴素而好用的东西，而是能够击中观众痛点的东西，让观众能够由衷地发出一声："对！这个看上去太好用了，我正需要这个！"比如，一些化妆品广告，宣传能够淡斑美白，提升人的气质，达到"冻龄"的效果，对于那些很容易容貌焦虑的女性，就是很实用的东西。又如，一串价钱合适、质量上乘的珍珠项链，对于那些想要把自己打扮得更加华贵的女性，就是很实用的东西。

所以，如果你想快速变现，一定要牢记，实用内容是"针对观众痛点给干货"，而不是挖空心思去想怎么去帮观众处理生活中那些琐碎的事情。

一些比较常见的实用短视频，通常涉及家居生活中的各种实用技巧和创意DIY项目，比如，分享如何用简单的材料制作一张书架，或如何利用废旧物品打造出实用的家居装饰品。这些短视频的制作通常只需要简单的材料和工具，内容直观易懂，能够吸引对手工DIY感兴趣的观众。

如果你想卖一些厨具和食品，可以多拍美食制作与烹饪教程。这类短视频的重点在于分享食品制作和烹饪技巧，能够帮助观众提升厨艺水平、丰富饮食选择，比如，展示如何制作简易美味的早餐，或者介绍如何利用家常食材做出精致的料理。这些短视频通常配有清晰的步骤演示和口味介绍，能够吸引美食爱好者的注意。

运动手环、蛋白粉、瑜伽垫、杠铃等也是常见的实用项目品类，与之相关的短视频可以统一划分为健康与运动指导类。这类短视频主要关注健康生活方式和有效的运动方法，能够帮助观众保持健康身心，比如，分享如何在家中进行简单而有效的健身锻炼，或者介绍如何调整饮食习惯以维持健康体重。这些短视频通常包含专业的健身指导和营养建议，能够吸引关注健康生活的观众。

还有时尚美妆类短视频。TikTok平台上的美妆达人非常多，而且这个赛道永远都随着时尚风向的更新而欢迎新人的到来。这类短视频的重点在于分享化妆技巧和护肤方法，能够帮助观众提升个人形象和美容技能，比如，分享如何化出日常简约妆容，或者介绍如何选择适合自己肤质的护肤品。这些短视频通常配有清晰的化妆步骤和产品推荐，能够吸引关注美容护肤的观众。

美妆类短视频的主要目的是推广产品和分享化妆技巧，因此其中对产品和使用效果的展示非常重要，拍摄时一般会选取光线充足的场所以保证短视频的清晰度。在拍摄过程中，博主会想尽办法充分展示产品的特点和优势，同时展示使用后的效果，让观众能够直观地感受到产品的功效。如果是需要打广告的产品，博主或达人也会反复强调这款产品多么好用，并且把自己的使用感受传递给观众，让观众感受到"原来这个和我自身条件这么相似的人也在用这款产品", 从而产生信任感, 放心地去购买这款产品。这也是"实用"带来的附加价值——信任感, 只要这种信任兑现了一次(让粉丝感到确实好用), 那么粉丝就会越来越信任你, 即使有些时候推荐的产品并没有那么好, 也还是会有很多人愿意购买。

此外, 学习分享、知识普及、金融理财、旅行攻略和景点推荐等, 都可以作为实用内容的题材。在商业领域, 实用内容具有很强的价值和潜力。如果你的短视频展示的内容和方法确实行之有效, 那么, 观众不仅不会厌恶你的广告植入, 反而还会很想了解广告中产品的用途、特点和优势。同样, 如果你是一个各类软件的使用高手, 或是　位非常有资历的某领域专业教师, 你也可以制作网课或教程, 引导观众购买; 或者展示专业知识或技能, 并引导观众参与进一步的学习或培训。这种方式可以将观众转化为收费会员或学员, 从而创造收益。

总之, 实用内容在TikTok平台上的商业价值取决于内容的质量、与目标用户的契合度及营销策略的执行效果。并且, 实用内容不仅是简单的生活技巧或教程, 还要触及观众的痛点, 让观众感觉得到实质性的帮助和指导。唯有如此, 观众才更容易被实用内容所吸引。

# 第7章
# TikTok直播攻略

# 01 组建团队——直播成功的基本保障

　　在TikTok平台上，如果你毫无准备就展开一场直播，你会遇到诸多问题，比如"为什么我的商品明明定价很便宜却没有人买？""为什么我很用心地介绍产品但成交率不高？""为什么我做的活动不能让观众疯狂抢购？""为什么我的直播间看上去就是和那些能赚钱的直播间差点儿东西？"……诸如此类，不胜枚举。

　　如果观众不愿意购买，可能有多方面的原因，比如带货的话术不对，不能给观众足够的情绪价值，煽动性也不够；或者是直播间的布局不够好，没有突出商品特别的优势，观众自然就会换一家直播间看；或者是主播能力的问题，有些主播反应比较慢，可能不太适合做直播推销的工作，更适合场控；或者是

整个团队协调的问题，备货不齐全、"小黄车"链接没有弄对、活动优惠没算好、玩法没有设计好……这一切都会影响直播带货的成功率。想要避免这些问题，你得先组建一个专业团队。

一个TikTok直播间，最核心的事有两件：第一是保证直播顺利进行，第二是提高销售成绩。从这两个核心出发，一个直播团队比较合理的基本构成应有直播部门、内容生产部门和后勤部门。

## 1. 直播部门的人员构成

（1）主播（主持人）：主播是一场直播中的关键，他们在直播中展示产品，需要具备沟通和销售技巧，能够与观众互动并回答问题。7.4节将具体介绍不同类型直播间选择主播及培养主播的方式。

（2）小助手：帮助主播准备和展示产品，起到"捧哏"的作用，代表观众的反应，激发观众购买欲，必要时，得协助处理技术问题和直播过程中出现的突发情况。

（3）运营人员和客服人员：运营人员一般负责直播的策划和执行，包括准备直播脚本、安排产品展示顺序、跟踪直播的效果和数据等；客服人员需要在直播期间回答观众的问题，处理订单和售后服务问题。这两者的工作可替换性比较高，都偏向于售后服务类。如果你的团队规模比较小（只有3~5人），可以考虑让一个人承担运营和客服工作。

（4）场控人员：场控人员和小助手的功能类似，都是引导观众在直播间下单。一些直播间经常有主播和场控人员唱双簧的现象，比如，主播问："能不能再给我们的粉丝宝宝多加100单？"场控人员装作很为难的样子说："真的不行，我们再加10单都是亏的。"主播就会接过话头，变本加厉地提要求："亏就亏，我要让我的粉丝宝宝享受到最大的优惠，马上给我加500单，在这500单里下单的粉丝还会享受免费送一件产品！"场控此时会装作恼火，但又不得不上架，而观众也会觉得这个直播间优惠力度很大，抢着下单。但其实，直播团队早就已经算好了本场直播的盈亏。

## 2. 内容生产部门的人员构成

（1）短视频拍摄与剪辑人员：短视频实际上也是直播的一部分，在直播过程中，有许多用户会跳转到你账号的主页去看你之前拍摄的短视频，这时候，短视频就起到了宣传作用。如果短视频不够有趣，不够吸引人，也许会降低观众的购买意愿。

（2）文案撰写人员：文案工作看似简单，但不是人人都能做的，首先，他们需要负责准备直播中每款产品的详细描述，凸显产品特点和卖点；其次，他们编写直播脚本、标题、广告文案和其他营销材料，同时撰写与观众互动的内容，以满足观众的兴趣；最后，他们还要审核和校对内容，避免出现平台规范不允许的内容。

（3）选品人员：选品人员一般都会懂一些财务知识，他们要根据市场趋势和目标用户需求选择适合在直播中销售的产品。在确保产品的竞争力和可销售性上，也需要他们去协商供应商和物流团队，确保产品供应和配送顺利进行。如果暂时没有合适的仓储和物流支持，他们还要管理库存以避免缺货或过剩。

内容生产部门的人员，"网感"一定要好，要能精准把握住趋势，吸引观众的注意力。

## 3. 后勤部门的人员构成

（1）技术支持人员：技术支持人员是直播顺利进行的关键。他们负责确保所有技术设备（如摄像机、麦克风、灯光等）都能正常运行。在直播前，他们需要进行安装和调试，确保设备状态良好。在直播过程中，他们还需监控网络连接情况和画面流畅度，一旦出现问题，要迅速定位并解决，确保直播不受干扰。

（2）仓储和物流支持人员：仓储和物流支持人员负责处理直播期间产生的订单，包括包装、发货和物流安排。他们与供应链团队紧密合作，常常也和选品人员脱不开关系。他们要确保产品能够及时发货，需要仔细管理库存，保证产品充足且有序。同时，他们还需处理退换货和售后问题，为消费者提供满意的购物体验。

（3）数据分析人员：数据分析人员是直播效果的"晴雨表"，他们通过监测和分析直播的观看人数、销售数据和观众互动情况，为直播内容的优化提供数据支持。他们的工作不仅能帮助团队了解直播的效果，还能为未来的直播策略提供决策依据，帮助提高观众满意度和销售业绩。

（4）财务人员：在跨境电商的运营过程中，财务人员是非常重要的。如果你在国内抖音平台直播卖货，财务人员要做的可能只是记账、报销等日常性的会计工作，但跨境电商涉及汇率及商品的国内外差价问题，因此财务人员不仅需要负责直播期间的订单结算和付款，还需要进行预算管理，根据公司的业务目标和战略计划，制订详细的预算方案，并监控预算执行情况。并且，由于国内外的付款渠道并不相通，他们还要同直播平台、支付机构等外部合作伙伴保持紧密沟通，确保资金流转的及时性和准确性。因此，如果想要确保跨境电商中公司的财务状况健康稳定，安排一位专业的财务人员是必不可少的。

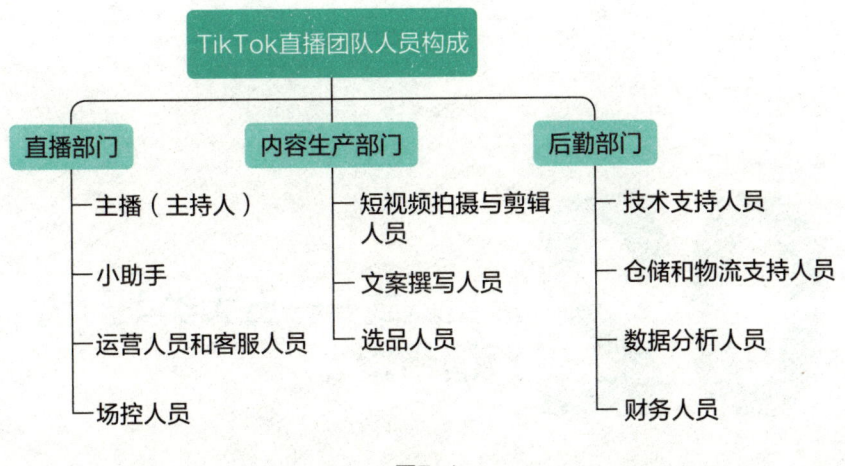

图7-1

　　总体而言，包含以上岗位的直播团队是比较轻便且完善的。并且，这些岗位的工作可以由一小组人员分工合作完成，也可以让一些人兼任多个岗位，比如，数据分析员可以兼任运营人员，短视频拍摄者也可以兼任文案撰写人员，具体取决于你的团队规模和直播的复杂程度。

　　如果团队实在没有那么多人，就首先保证三大关键环节——主播、选品、物流，确保货物对观众有足够的吸引力，并且能够按时送达顾客手上。

# 02 带货款式——五大类型弄清直播带货

　　有些人不知道怎么组合并定位自己的货品，一股脑地用低价冲销量，结果直播间被打上了"廉价"的标签；用户如果看到商品涨价了，也更不愿意买。有些人则是一上来就卖中高端产品，但中高端产品并不是那么好做的，因为在"直播间"这个地方，很多观众就是想捡漏，买物美价廉的东西，只有中高端产品但没有冲销量、挣流量的产品，一定很难做好TikTok跨境电商。

　　直播间的商品，根据流量创收和利润创收两大维度，可以分为五大类型：低利润引流款、低利润福利款、中等利润主线款、高利润老客款、无利润赠品款。

## 1. 低利润引流款

这类商品一般是价格低廉且广泛受欢迎的商品，可以用来吸引新观众。如果你是卖电子产品的，你可以用一些低价的小型电子产品配件（如手机壳、充电线）来吸引观众；如果你是卖时尚美妆类产品的，你可以低价卖一些成本低、质量比较好的美容工具，比如精选毫毛制作的化妆刷、万用的化妆镜等；如果你是卖食品的，你可以推出一些"试吃款"。

基本上，每个直播间都要经历用低价商品引流的阶段，这样可以迅速扩大直播间的影响力，吸引更多观众。不过，这类产品的缺点也很明显，因为同类的竞品非常多，而且本身利润空间较小，需要通过大规模销售才能带来显著收益。建议将其作为开场商品或特价商品，提高直播间的吸引力。

## 2. 低利润福利款

这类商品通常是以优惠形式提供的，如低折扣或买一送一，目的是提高观众的购买欲望，促进下单。比如，现在很多化妆品宣传"买一瓶正装，送一瓶正装量"，但"正装量"不等于"正装"，很多商家只是给了等于正装标量的小样而已。这种操作有一定利润空间，但利润较低，要和其他产品搭配销售，才能提高整体收益。

此外，百货领域里，低利润的福利商品是有很多的，像是常见的钥匙扣、水杯、雨伞等。这类用品是人们日常生活中常用的，同时损坏率和遗失率也比较高。如果你是一个准备售卖雨伞的商家，你打出的"低利润福利款"可以是造价稍高但价格适中的雨伞。消费者在第一次购买后，如果发现这款雨伞的质量还不错，在下次购买时可能就会考虑购买一把更有"黑科技"、性能更好的伞，也就是下面要提到的"中等利润主线款"。

### 3. 中等利润主线款

这个款式是我们要重点推销的款式。如果你是做美容行业的，那么小样只是开胃菜，真正让你获得利润的是美容护肤套装。一般来说，你要把套装内的产品分开购买的价格设置得高于套装价格约30%，并且在套装里加送小样。这样，当你的回头客想要购买护肤品时，算完价格之后就发现买单品还不如买一整套呢。于是，你的套装就能为你获得大量利润。

同理，针对潮流品牌的服装可以用上下成套或套装+配饰的方式一起卖，很多人都是懒得搭配服装的，就愿意买一整套。而且，服饰类消费品比较注重美观，如果你卖的衣服非常独一无二，没有别的品牌可以替代，那么顾客购买成套产品的概率也会上升。

在中等利润主线款的销售上，你一定要把握住愿意在你的直播间花上一笔不小金额的观众的心理。它的利润空间是比较大的，也是比较稳定的，但它和前面两个款式的商品一样，也是容易被替代的。所以，你可以选择市场热门或品牌认可度高的产品作为中等利润主线款，通过直播展示其优势。

## 4. 高利润老客款

如果你直播的时间长了，一定会有一些消费能力比较强的老客户，那么，针对老客户提供高价值或独特体验的产品，你能获得非常高的利润，比如高端美容仪器、定制款高级珠宝等。高利润老客款主打的是"高端"和"私人定制"，在情绪价值上一定要给足。

当然，来购买高利润老客款的人一定是比较少的，但这种款式也是一定要有的。如果你的直播间只卖定价9.9元的廉价商品，那你的顾客肯定事情很多而且很难伺候。当你卖久了低价产品后，你也会丧失安排高端产品的兴趣。更重要的是，一般来说，一个直播间标价最高的产品代表着这款产品是直播间的"品质天花板"。你的直播间一定要有这种"镇店之宝"的存在，才不会被系统贴上廉价的标签。如果你的直播间暂时还没有这种产品，也可以通过专属优惠或专属体验提升老客户的忠诚度，鼓励复购，只要能留住老客户，你就有利润。

### 5. 无利润赠品款

直播期间的赠品，可以吸引观众参与互动或购买其他产品。尽管没有直接利润，但它们确实提高了观众的购买意愿和参与度。建议将赠品作为奖励机制，鼓励观众下单或分享直播间，提高整体销量，比如，安排一些购买满额时赠送的小礼品（如护肤品小样）、品牌周边等。

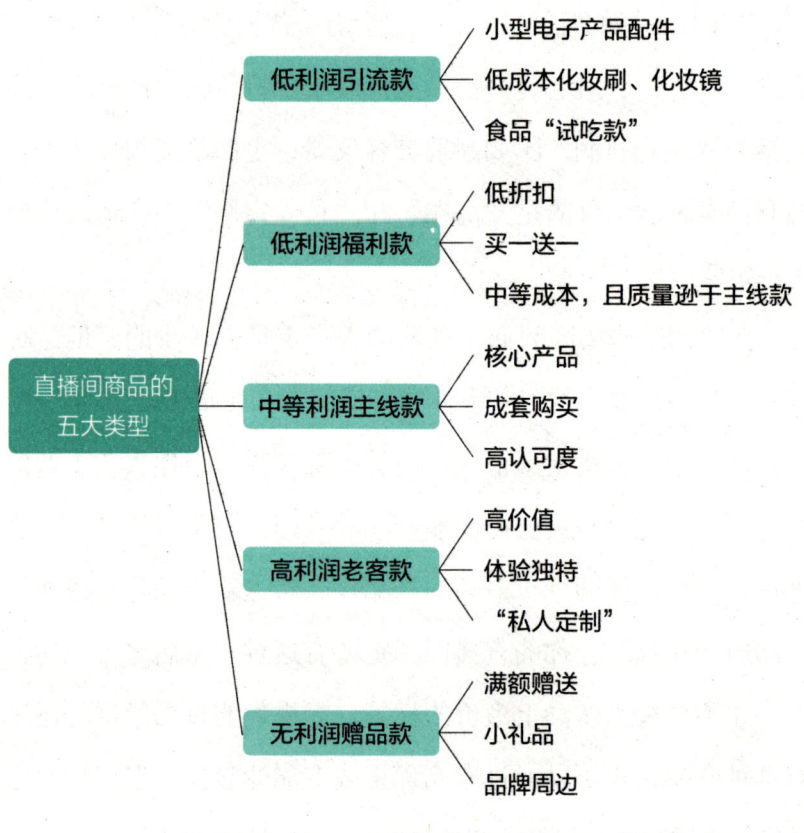

图7-2

当然，单单安排好商品也是不够的，你还需要对商品进行组合，引导观众购买，比如高利润款可以附赠低利润款，无利润款可以与中等利润款搭配，在整体上卖出更好的价钱，打造更高的"复购率"。一定要根据后台的购买数据不断做调整，发现更好的组合方式就迅速替换上架，将贸易的主动权掌握在自己手里。

# 03 流量秘籍——直播的 进阶教程

在TikTok平台上进行直播是吸引更多粉丝、提高曝光度和品牌知名度的有效方式。上一节我们讲到直播间的产品类型，那么，有了不同款式的代表产品后，我们怎样才能做到销售高效高回报呢？这需要掌握一些进阶的技巧和策略。

我们先来了解一下TikTok直播间关于流量的系统规则。TikTok直播间系统在开播的最初五分钟内会采取一些系统规则来提高直播间的曝光度和吸引力，帮助主播吸引更多观众，这也被我们称作TikTok直播间的"黄金五分钟"。虽然TikTok并没有公开透露具体的系统规则，但根据观察和经验总结，可以推测出以下可能的规则。

### 1. 推送通知

TikTok可能会向一部分用户发送直播通知，提醒他们直播已经开始。这可以增加直播间的曝光度，吸引更多用户点击进入观看。利用这个规则，我们可以给账号和直播间打上标签，获得精准的人群推流。

关于标签的重要性，前几章已经进行了比较深刻的剖析，正确的标签对于账号和直播间吸引流量至关重要。除了一般的标签设置，直播间还有一种特殊的标签权重，即用户的购买行为。如果一个用户在直播间购买了产品，他（她）的标签权重将会提升。如果你的直播间在销售口红，而一个原本标签为"男性、健身、旅行"的用户为其女友购买了口红，他的标签权重会被调整。然而，算法可能会推荐更多相似标签的用户，比如其他男性，这可能导致与目标用户不符的用户进入直播间，降低直播间的转化率。因此，我们需要避免吸引与直播内容无关的"反向标签"人群，以免影响直播间的推送人群和转化率。

### 2. 优先推荐

在直播开始的最初几分钟内，TikTok可能会优先向一部分用户推荐你的直播间，将其置于推荐列表的前排位置。但是，相信作为平台用户的我们也都可以体会到，虽然在刷短视频的过程中系统推送了某些直播间，而且也是我们感兴趣的商品领域，但是并不是所有直播间都能吸引我们进入。

要提升有效进入率，直播画面的美观度不可忽视。下面举一个免胶假睫毛产品的直播画面优化的例子。

一开始，这个直播间的布置画面杂乱、光线暗黄，主播展示的产品也不够清晰。直播间一直在展示主播的远距离半身画面，但在摄像效果不理想的情况下，观众无法清晰看到产品，也难以被吸引。结果，直播间很快就失去了大量观众。

改进的方法很简单：改善灯光、确保背景整洁，并拉近产品与摄像头之间的距离，让观众立即注意到产品。此外，逐款产品进行流量测试是非常重要的，不能主观地选择展示产品，而应该根据数据进行选择。要测试不同款式产品带来的流量，记录数据，找出真正有吸引力的产品，从而提升观众有效观看率，让直播间的流量得到质的飞跃。

## 3. 用户互动

在直播开始的最初五分钟内，TikTok可能会优先为互动频率较高的直播间推送流量，鼓励主播与观众积极互动。这就要求我们在直播时提高与用户的互动率。

首先，利用福利和奖品与用户互动是一种有效的策略。可以设置互动门槛，比如只有在直播间回复特定评论的观众才有资格参加抽奖，就像抖音上常见的"加主播粉丝团获得福袋及大额优惠券"等。

其次，营造产品和服务的稀缺感可以激励观众互动。比如，宣称产品的包装是限量款或季度联名款，只有最后几单了；或者宣称赠送小样的名额有限。许多观众由于损失厌恶心理会积极参与互动，希望抓住稀缺的机会。

最后，激发粉丝之间的竞争意识也可以增强互动。比如，可以在直播间给每款产品加上编号，让粉丝"点菜"。当粉丝争相展示自己喜欢的产品时，会在评论区输入编号，有些粉丝甚至会反复刷自己想看的产品的编号。主播可以根据评论区刷得最多的编号优先展示产品，这会促使更多粉丝参与互动，从而提高互动率。

### 4. 带货话术

一般来说，一场直播可以被切分成这样几个环节：欢迎与感谢——自我介绍与产品介绍——直播互动——优惠与福利——追单话术——感谢与告别。其中，对于直播带货最重要的是"直播互动——优惠与福利——追单话术"这几个环节，这是直播间获得流量的核心。介绍产品的优惠活动或福利，如限时折扣、买一赠一等，可以激发观众的购买欲望，促使他们做出购买决策。当观众对产品感兴趣但犹豫不决时，可以使用一些追单话术来引导他们下单，比如，强调产品的限量库存、限时优惠等，让观众感到购买的紧迫性。一般而言，只要一款商品具备独特的功能，直播间里对其又有足够的优惠和宣传，不少观众就会立刻下单。

# 04 品牌形象——带货主播的选择培养

　　在TikTok直播中，带货主播扮演着至关重要的角色。他们不仅仅是产品的传播者，更是品牌形象的代言人。选择适合某品牌的带货主播需要考虑多个因素，包括品牌特性、主播气质和形象等，就像奢侈品牌选择自己的代言人一样。主播往往是品牌的门面，他们展示出来的外在风貌可以让顾客联想到拥有某款商品后自己的使用体验和生活。比如，小零食品牌可以考虑接地气、面相和善、举止幽默活泼、表情生动夸张的主播；高端珠宝皮具品牌可以选择有艺术感、谈吐有内涵、感染力强、气质高贵典雅、与品牌价值观相契合的主播。

　　再从时间上考虑，一般而言，如果从19:00开播，到第二天凌晨1:00下播，一个晚上需要播六个小时。而上一节讲到，直播的环节包括"欢迎与感谢——自我介绍与产品介绍——直播互动——优惠与福利——追单话术——感谢与告别",中间的四个环节要占去约五个小时。这五个小时里,带货主播是直播间除了商品之外最重要的一点。因此,一开始选择带货主播时,不仅要考虑主播是否形象好、气质佳,还要考虑主播是否有发音上的问题,体力能否支持长时间的直播;并且,跨境直播一般都要倒时差,如果是上了年纪的主播,可能很难长时间在直播间拉拢观众。因此,主播最好找年轻且有一定学识的人,这样才能同时承担起品牌宣传和引导购买的责任。

选定了主播以后,最重要的就是对其职业技能的培养了。针对带货主播的培养,可以从梳理商品卖点、应对不同情况的话术及直播节奏分析等方面进行培训和指导。

(1)首先,主播要会梳理商品卖点。带货主播需要充分了解所销售商品的特点、优势和卖点,以便在直播中有效地进行推广。培训内容可以包括商品的材质、功能、使用场景等方面的介绍,以及与其他商品的比较分析,突出产品的独特之处。

比如,某美妆品牌推出了一款遮瑕膏产品。通过挖掘使用场景,发现目标用户群体经常在以下场景下使用遮瑕膏:在工作或上学前遮盖熬夜造成的黑眼圈;在社交活动或约会前遮盖面部瑕疵,提升自信心;在拍摄照片或参加特殊场合前,修饰面部肤色。结合以上使用场景,可以提炼出遮瑕膏的卖点:高遮盖度，能够有效遮盖黑眼圈、痘痘等面部瑕疵，让肌肤看起来更加光滑均匀；经过特殊配方设计，持久保持妆容，不易脱妆或堆积；轻薄自然，质地轻盈，延展性好，不会给肌肤增加负担；多功能使用，不仅可以遮盖面部瑕疵，还可以用于局部修容或提亮，满足不同场合的需求，等等。

（2）其次，带货主播最好机灵些，要学会应对不同情况的话术，包括吸引用户关注、解答用户疑问、引导用户购买等。培训内容可以包括针对常见问题的解答技巧、与用户互动的技巧，以及有效调动用户情绪和购买欲望的技巧等。

带货主播一定要能够针对观众的痛点，帮观众解决问题；一定要能阐述商品卖点，告诉客户为什么要买。比如，你想卖减肥产品，本来的话术是："轻松减重，焕发新活力。"但这样就缺乏亲和力，更好的方式是："不用再为烦琐的减肥计划而烦恼了！我们的产品可以帮助您在享受美食的同时轻松减重！"针对评论区提出的问题，也需要精准打消顾虑："为了让您更放心地选择我们的产品，我们不仅提供大量客户的真实好评，还承诺提供更好的售后保障！使用过程中遇到任何问题，我们都会及时解决，确保购物体验无忧无虑！"最后再来一波催单，强调一下优惠限时等。

（3）最后，就是直播节奏的把握。培训内容包括直播前的准备、内容安排和互动方式，以及直播后的总结和反馈。在完成话术培训后，主播需要模仿对标人气主播的语气、动作和节奏，练习话术。这样做的原因是新手主播对直播还不熟悉，模仿对标的优秀主播是最佳选择。只有事先练习到熟练，主播才能在正式直播时不会紧张。

在主播熟练后，可以让主播进行现场演示或录制演练短视频，由相关负责人进行评估。此外，直播间场控、小助理、气氛组和其他工作人员的配合也至关重要，他们要共同营造出一个良好的直播氛围，帮助主播找到舒适的直播节奏。

通过以上培训内容的学习和实践，带货主播可以提升自己的专业水平和业务能力，更好地为品牌推广和销售提供支持。同时，品牌也可以根据主播的实际表现和反馈，不断优化培训内容和方法，从而培养出更具影响力和直播效果的带货团队。

# 第8章

# TikTok流量的
# 变现

# 01 广告植入——想变现，先广告！

　　在TikTok平台上，广告植入是实现流量变现的重要途径之一，几乎无处不在，通常通过在短视频内容中展示品牌或产品，或在短视频描述中进行品牌推广，以实现品牌曝光和产品销售的目的。想要通过广告实现流量变现，首先要了解广告植入的本质。广告植入是指将广告内容巧妙地融入用户感兴趣的内容中，使得广告与内容自然融合，不会给用户造成打扰或干扰的感觉。

　　广告本身是一种付费流量，包括原生广告、品牌挑战、品牌效果广告等。在进行广告植入时，你需要选择与自身品牌形象和产品特点相符的内容和形式。比如，服装品牌可以选择与时尚、潮流相关的内容进行广告植入；美妆品牌可以选择与化妆、美容相关的内容进行广告植入。广告形式可以多样化，包括产品展示、使用演示、品牌宣传等形式，以吸引用户的注意力和兴趣。当然，我们首先要树立的一个意识是：广告植入虽然是为了实现商业目的，但也要保持内容的真实性和质量。你要注意在广告植入过程中不要过度宣传或夸大产品的效果，以避免引起用户反感和负面评价；同时，要确保广告内容与原始内容相符，不要破坏用户观看体验和内容完整性。

在进行广告植入后，团队需要及时对广告效果和投资回报进行量化和评估。可以通过数据分析工具对广告曝光度、用户互动率、转化率等指标进行监测和分析，以评估广告的效果和投资回报情况。通过不断地优化广告内容和投放策略，提高广告的ROI，实现更好的流量变现效果。

当然，不仅仅是广告植入这种付费流量，实际上任何消息的发布都是在"广而告之"，因此，一个成功的品牌可以综合运用我们在前面提到的免费流量、付费流量和私域流量，来实现全面的市场覆盖和品牌推广。以下是一些综合运用这三种流量的策略。

## 1. 内容营销结合广告投放

这种方式可以通过在TikTok平台上发布有趣、有创意的内容，吸引免费流量的关注和参与；同时，你也可以通过广告投放，提升内容的曝光度和影响力，吸引更多用户点击和转化。比如，你可以首先发布一系列有趣的教程、挑战或故事短视频，吸引用户的关注和参与，然后在广告投放期间通过原生广告或品牌挑战活动提高内容的曝光度，加速用户转化。

如果要请达人在他们的短视频中为你的产品推销，主要的合作方式有以下几种。

一种是赞助短视频，这种是最简单直接的，与达人协商，支付一定的费用，让他们在短视频中展示和推荐你的产品即可。这种方式可以直接将产品展示给达人的粉丝，提高产品的曝光度和认知度。但是，这种方式可能会引起达人的粉丝反感，因此，广告植入就是一般广告商的另一种选择：将产品自然地融入达人的短视频内容中，使其成为短视频的一部分，比如提供产品给达人，让他们进行开箱评测。这种方式需要产品与短视频内容有较高的契合度，以达到更好的宣传效果。

此外，如果你有比较充足的预算，而且某个达人与你之前的合作非常有效，那么也可以与达人合作定制广告短视频，专门用于推广你的产品。这种方式可以根据产品的特点和目标用户，量身定做广告内容，提高转化率。你也可以与达人签订长期的合作协议，让达人成为你的产品代言人，这样达人可以在多个平台和场合为你的产品发声，扩大品牌影响力。你还可以与达人进行联合推广活动，比如抽奖、挑战赛等，以吸引更多观众参与，提高品牌曝光度，同时也可以增强与消费者的互动。

## 2. 私域流量与活动营销结合

这是规模比较大的团队和企业可以考虑的一种做法。你可以通过举办线上活动、话题挑战等方式，吸引现有私域客户的参与和互动；或者利用私域客户的社交影响力和忠诚度，在TikTok平台上引爆活动话题，吸引更多用户参与和分享。同时，你也可以在活动期间通过付费广告投放，提高活动的曝光度和参与度，吸引更多非私域用户的加入和转化。但是要注意，私域客户一般都是需要特别照顾的，开展活动的时候一定要给私域客户一些特别的优惠，否则可能起到反效果。

## 3. 全渠道整合营销

你可以通过整合TikTok和其他线上、线下渠道，实现全渠道的营销覆盖。比如，你可以在TikTok平台上发布内容引流到官方网站进行购买，也可以在官方网站上引导用户关注TikTok账号，形成闭环营销。你还可以通过电子邮件、短信营销等方式与私域客户保持沟通，提醒他们参与活动或关注新内容。

通过以上措施，你可以在TikTok平台上有效地通过广告植入实现流量变现的目标，提高品牌的曝光度和销售额。如果想要投放广告，一定要做好比较严格的市场背景调查，如果你的产品偏向高端，但宣发的手法都略显低级，那一定会带来不好的影响。

# 02 与公司签约——用职场的态度对待TikTok

在抖音，你会看到有很多网红都签约了MCN（Multi-Channel Network，多频道网络）公司，这就相当于在某些平台上发布短视频或直播已经成了他们的工作，他们的收入有一部分是公司将他作为员工下发的工资。事实上，签约MCN公司只是与公司合作的一条比较显眼的路子，如果你有一个比较有能力的团队，与一个更大的公司合作或签约是一个很不错的选择，而且出路也更多一些。

在TikTok平台上，与公司签约同样也是创作者采用的常见方式。这种合作模式不仅为创作者提供了更多的商业机会和资源支持，也为企业带来了更多的品牌曝光度和用户获取渠道。下面，我们来了解一下能帮助我们获得广告与流量的公司。

### 1. 数字营销代理公司

这类公司专门从事数字营销业务，包括在TikTok平台上与创作者签约合作，为企业提供品牌推广和营销服务。他们通常与多个TikTok创作者建立合作关系，通过创作者的影响力和流量为客户提供广告曝光和品牌推广。

### 2. 影视制作公司

这类公司主要从事影视制作业务，包括制作短视频、影视广告等内容。他们与TikTok创作者签约合作，共同制作优质的营销内容，为企业提供具有创意和影响力的品牌宣传片或广告片。

### 3. 网络媒体公司

这类公司是专门从事网络媒体运营的企业，包括在线媒体、内容平台等。他们通过与TikTok创作者签约合作，共同推广内容，吸引更多的用户关注和互动。

### 4. 品牌代理公司

这类公司代表品牌企业与TikTok创作者签约合作，共同推广品牌产品或服务。他们通过与创作者合作制作与品牌相关的内容，提升品牌的曝光度和用户认知度，促进产品销售和品牌形象塑造。

## 5. 电商平台

一些电商平台也会与TikTok创作者签约合作，共同推广商品或服务。他们通过与创作者合作制作购物推荐视频、产品试用视频等内容，为用户提供购物指导和优惠信息，促进交易成交和销量增长。

上一节我们讲到广告对于流量变现的重要作用，其实，有很多公司都会问达人是否"接广告"。那么，一个普通的创作者或团队，怎样通过与公司的交涉获得广告呢？

一般来说，创作者可以直接与品牌企业或代理公司联系，提出合作意向并达成协议。在这种情况下，可以根据自己的需求和定价策略来制订合作方案，并与品牌企业或代理公司达成合作协议；还可以通过与数字营销代理公司合作，利用代理公司的资源和渠道接广告。这类代理公司通常与多个品牌建立了合作关系，可以为创作者提供更多的广告合作机会。同时，一些电商平台会与创作者合作推广商品或服务，创作者可以通过参与电商平台的合作活动来接相关广告。这类合作通常涉及产品试用、购物推荐等内容。

在与公司签约之前，你需要明确合作的目标和期望。这包括确定合作的形式（如赞助、广告、品牌代言等）、合作的时间周期、双方的权利和义务等。并且，你要了解公司需求，最好对合作的公司进行充分了解，包括其产品概况、品牌定位、目标用户等。这有助于你更好地理解公司的需求和期望，从而为合作提供更具针对性的方案和服务。

并且，在这里，本书也想给个人或比较小的团队一些提示，虽然你可能不是传统意义上的员工，但你依然需要以积极主动的态度对待合作事务，这意味着在面对工作任务时能够主动承担责任，积极寻找解决方案，不被动等待，不抱怨困难。TikTok的短视频风向堪称"风云变幻"，你永远难以想象下一个热点会在什么时候出现，也无法预料自己的创作能力什么时候会枯竭，因此，主动去寻找题材，主动揣摩热点，利用签约公司带给你的资源创作出更高质量、更能凸显你个人优点的短视频，才是正解。

其他行为准则，也包括遵守合同条款、按时完成任务、保持良好的沟通和合作态度等。这有助于建立良好的合作关系，提升双方的信任度和合作效率。除了你为自己的账号制作的短视频，作为乙方，你还得根据公司的需求和合作目标，制订合适的推广内容和营销方案。这包括制作优质的营销内容、参与线上线下的活动推广、与公司进行品牌联合推广等。如果顺利签约，在签约之后需要定期与公司进行沟通和反馈，及时解决合作中出现的问题和困难，保持合作关系的稳定和持续发展。同时，也要不断优化合作方案，提升合作效果和商业价值。只有不断学习新知识、新技能，才能跟上时代的步伐，不被淘汰。

总之，与公司签约是一种有效的变现方式，可以为创作者和企业带来双赢的商业机会。通过与公司合作，创作者可以获得更多的资源支持和机遇，提升自己的影响力和收益水平；企业则可以借助创作者的流量和影响力，完成品牌的快速推广并吸引用户关注，实现商业价值的最大化。

# 03 短视频带货——一听就心动的低成本创业

　　前面我们已经提到过一些TikTok平台上播放量、互动量和完播率比较高的短视频模式，也提出了把握"黄金前三秒"、打造短视频氛围感及制造压轴好料这三条要诀。掌握这些内容后，我们就可以更加深入地探究短视频带货了。实际上，短视频带货已经成为一种低成本创业方式，吸引了越来越多的个体创业者和小型企业的关注。如果你想要进行短视频带货，只需要去制作吸引人的短视频内容，在短视频中展示和介绍产品，并直接引导观众进行购买即可。

　　如果你不愿在前期长线消耗，想要直接搞清短视频的流量如何直接变现，那么我可以告诉你一句话：只有让观众参与到短视频中，才有互动量。这看上去是一句废话，但是，"互动"不仅仅是点赞、评论和转发，更包含了这些行为带来的成交量。这里有几个可以直接提高互动量的小窍门。

（1）提出问题并引导回答。通过短视频带货，你可以直接触达目标用户，从而提高品牌认知度和用户忠诚度。你可以在短视频中提出有趣的问题，鼓励观众在评论中分享他们的看法和经验。比如，你可以在一条旅游类短视频中，问观众最喜欢的旅行地点是哪里，或者问他们有没有什么特别的旅行经历。

（2）制作互动式内容。你可以设计一些让观众能参与进来的内容，比如投票、抽奖、挑战等。这样的内容能够提高观众的参与度和互动性，让他们感到更加投入和有趣。当然，这种短视频的制作技术门槛比较高，如果你的技术力不足，可以直接以文案或口头的方式提问。

（3）积极回应评论和消息。你应该及时回复观众在评论中提出的问题或留言，与他们建立起互动和交流。这种直接的沟通能够增强观众的参与感，让他们觉得自己的意见和反馈受到了重视。在你日后建立私域时，这也是非常重要的积累粉丝的手段。

不过，就像如果你的短视频中频繁出现广告，观众会感到厌烦那样，如果你的每条短视频中都有带货同一款商品，那么确保带货内容不损害短视频整体质量是非常重要的。

比如，你在制作短视频之前就得先平衡产品展示和内容创意，虽然说产品展示很重要，但也要确保不过度推销产品，以免影响观众的观感；保持短视频的创意性和趣味性，让产品展示自然融入内容之中。并且，如果你要推销产品，你就必须确保内容和脚本是提前准备好的，每一句话都是有条理的，能清晰地展示出产品的特点和优势，同时保持短视频的流畅度和连贯性。你的文案内容最好也要和TikTok平台上其他同类产品使用相似的话语，并且着重强调这款产品的不同特色，这样，就能既让观众感到熟悉，又让观众觉得你的产品新鲜，从而产生购买欲。

并且，我们知道，TikTok平台上的带货方式无非就是短视频带货和直播带货。如果你在短视频这方面做得好，比如，你的团队里有高质量的短视频制作人员，使用的都是高清摄像设备和专业的短视频编辑软件，能给观众带来好的视听体验，那么，你的重心就应该放在短视频的制作上。最后，不管你的产品有没有获得成功，都要定期更新和改进，根据观众反馈和市场变化进行调整和更新，保证短视频带货的有效性和吸引力。

在这一节的最后，本书还想介绍一些结合观众心理学和传媒专业内容分析短视频带货的方法。作为一个团队的组建者或领导者，除了商业，你还要了解观众心理学。观众通常受到情感诱因的影响，比如好奇心、欲望、情感共鸣等，他们很希望被认同且与社会连接。因此，你必须分析观众偏好和市场趋势，制定适合目标用户的内容策略。你可以根据观众的年龄、性别、兴趣爱好等特征，选择合适的内容形式和风格，在制作短视频时，如果暂时没有思路，可以采用故事叙述的方式，将产品与情节融合，增强短视频的吸引力和传播力，通过讲述真实的故事或用户的使用体验，建立起观众的信任和情感连接。这样一来，观众在主观情感上愿意购买，就会减少"我是否真的需要"这种理性思考，从而大大提高成交率。

　　我们还要认识到，每一个观众都是一个独立的个体，他们各自有着不同的经历、情感和价值观。我们的短视频内容需要有足够的包容性和共鸣力，能够触及不同观众内心深处的情感。因此，通过讲述产品背后的故事，展现其与人们日常生活的紧密联系，才能更好地引发观众的共鸣和兴趣。我们要始终牢记，短视频带货并不仅仅是推销产品，更是与观众建立长期、稳定的关系的过程。我们要以诚信为本，确保所推广的产品真正符合观众的需求和利益。只有这样，我们才能赢得观众的信任和忠诚，从而在竞争激烈的市场中脱颖而出。

# 04 服务企业——若有一技傍身，也可另辟蹊径

有时候，我们也可以把思路打开，通过为其他企业提供服务来实现盈利。如果你拥有某种专业技能或特长，可以将其转化为服务，为企业或个人提供有价值的服务，从而赚取收入。那么，企业需要的专业型人才主要有哪些呢？

## 1. 内容创作与制作人员

这个需求非常容易理解，因为TikTok就是一个以短视频内容为主的软件。如果你擅长短视频拍摄、剪辑和内容创作，可以为企业或个人提供短视频的制作服务。你可以根据客户的需求和目标，制作出具有吸引力和影响力的短视频内容，帮助他们提升品牌知名度和推广效果。你可以应聘以下岗位：短视频

剪辑师，一般负责剪辑短视频内容，使之符合平台风格和用户喜好；内容策划师，一般负责制定TikTok内容创作的策略和方向，挖掘热点话题和创意灵感；创意导演，经常与前两类人员合在一起，一般负责设计和指导短视频的拍摄过程，确保内容的表现力和影响力。如果你想应聘创意导演，最好找一些大公司，因为一般的小型企业和团队很可能不需要创意导演。

## 2. 市场营销与推广人员

如果你对市场营销有深入的理解和经验，可以为企业提供TikTok营销策略和咨询服务。你可以帮助企业制订有效的TikTok营销计划，包括内容策划、广告投放、用户互动等方面。营销类的工作是比较普遍的，但TikTok不需要你进行线下实地营销。你可能需要"乔装打扮"成普通人，潜入评论区里悄悄带货，并且，也要学会制定和执行有效的TikTok营销策略。此外，还有社交媒体经理和数据分析师，前者负责管理和运营企业在TikTok平台上的账号，与粉丝互动和维护品牌形象；后者负责分析和评估TikTok营销效果，提供数据支持和决策建议。

这里尤其要提及的是"乔装打扮带货"这种形式。在行业黑话里，广告大概分三种："明广（硬广）""软广""暗广"。其中，"暗广"在商业营销中是一种巧妙的策略，它很难被人察觉到是广告，常常能达到意料之外的效果。其核心在于营销人员以普通消费者的身份出现，通过分享真实的使用体验或心得，潜移默化地引导消费者关注和购买产品。这种方式能够有效规避传统广告的生硬感，更易于被消费者接受，并在消费者群体中建立起对产品的信任和好感。如果一个知名化妆品牌要在TikTok平台上开展一次营销活动，该品牌方的营销人员可以"乔装打扮"成一个普通人，用比较朴素的摄影方式和表达方式分享使用该品牌化妆品的妆容教程和使用心得。这种形式由于一开始的定位就是"普通人"和"真实使用感受"，所以不需要太过精心设计的妆容和详细的教程，只需要在自己的分享中提及产品的优点大大胜于产品的缺点即可。

## 3. 品牌合作与推广人员

如果你有一定的影响力和粉丝基础，就可以与品牌方合作进行推广，为他们在TikTok平台上进行品牌推广和产品宣传。你可以通过制作相关短视频、参与品牌活动等方式，帮助品牌方吸引更多用户关注和购买。此外，你还可以尝试去做品牌合作经理，负责与TikTok平台上的内容创作者进行合作，推广企业品牌和产品；或者换一个名头，叫作品牌推广专员：负责策划和执行TikTok平台上的品牌推广活动，提升品牌的知名度和美誉度。当然，你最好找国内有意在TikTok平台上发展的企业，如果你对国外文化比较熟悉、有网感，这份工作就比较适合你。

## 4. 技术开发与运维人员

如果你擅长管理和运营社交媒体，就可以为企业提供TikTok账号的管理和运营服务。你可以帮助他们管理TikTok账号，定期发布内容、与粉丝互动、监测账号数据等，帮助他们提升账号的活跃度和影响力。一般来说，后台开发工程师是比较缺人的岗位，因为TikTok的各类商品上架都要依赖后台的程序操作。如果后续有团队想要开发私域，也需要一个后台开发工程师来做APP或小程序，以保障平台的稳定性和安全性。

## 5. 培训与教育人员

如果你在某个领域拥有专业知识和技能，可以为企业或个人提供TikTok培训和教育服务。你可以开设线上课程、举办讲座或提供一对一指导，帮助他们提升在TikTok平台上的表现和效果。一般来说，培训的形式是一个或多个培训讲师为企业员工讲解有关TikTok内容创作、选品等的知识，提升其在TikTok领域的专业能力和技能。近年来，也有一些针对直播培训的课程。

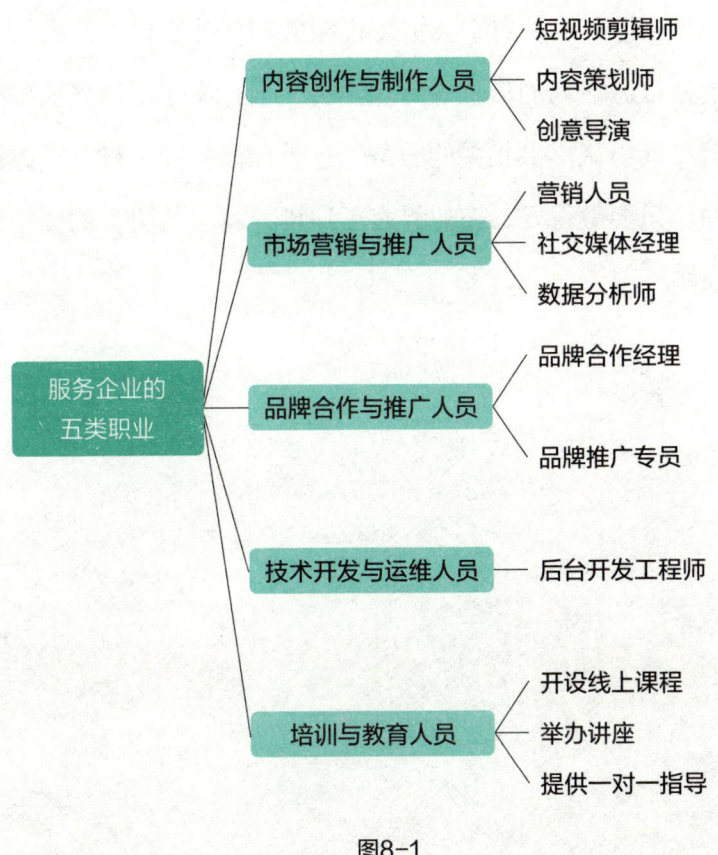

图8-1

　　如果你自己也有一些团队，可以不局限于以上单人的工作，直接尝试承包某个大团队的基础性工作。常见的服务有拍摄并剪辑短视频、搭建直播间、注册海外公司等。因为大部分想要做跨境电商的人，对于"电商"可能有了解，但对于"跨境"就知之甚少，如果你能够在这方面提供有保障的服务，相信我，赚的钱不会比单纯卖货赚的钱少。

　　同理，也有很多商家会把短视频的制作或直播间的布置、直播上链接做活动的流程等外包出去，当你有了足够多的经验后，就可以尝试提供相关的服务。这就像滚雪球一样，是越滚越大的，只要做得好，在业界有了口碑，就会有更多的商家愿意来找你。

第9章

# TikTok未来的业务可能性

# 01 跨国市场——TikTok和世界的距离有多远？

在探讨TikTok未来的业务可能性时，跨国市场是一个至关重要的议题。随着TikTok在全球范围内的普及和影响力不断扩大，其与世界各地的距离正在逐渐缩小，为TikTok开拓更广阔的国际市场提供了无限可能。

我们来看一个名叫"#TikTokMadeMeBuyIt"的话题标签，它在TikTok平台上的浏览量已经远远超过了百亿。这个事实不仅凸显了TikTok的影响力，还为跨国市场和全球商业带来了新的思考和机遇。

我们可以从不同的角度来思考这个问题。首先，也是最重要的，这个标签的热度彰显了TikTok作为一种全球性的社交媒体平台的影响力。在本书第1章的开篇，我们就已经知道，TikTok

在世界范围内拥有数以亿计的用户，他们来自不同的国家和地区，拥有不同的文化背景和消费习惯。通过分享购物心得、使用体验等内容，TikTok用户能够在跨国市场上产生直接的购买影响，并使TikTok形成一个全球性的购物社区。虽然，亚马逊也是一个全球化的购物平台，但亚马逊的产品更迭速度、生动性远远不如以短视频为核心的TikTok。

并且，随着国内"一带一路"等贸易战略的实施，我们在亚太地区做外贸会更有优势。如果再加上TikTok的锦上添花，有朝一日，跨国市场和全球商业的发展一定会成为非常不可阻挡的趋势。哪怕是现在，随着数字化和全球化的推进，跨国市场的边界也已经日益模糊。TikTok作为一个连接全球用户的平台，为品牌和商家提供了一个触及全球消费者的渠道，为跨国市场的发展提供了新的机遇和可能性。我们这些熟悉抖音的中国人，在TikTok平台上卖货也会更有优势，这种优势不仅是产品价格上的，更是文化上的。可以说，在这个阶段，只要你做好打"信息差战斗"的准备，你就很有可能获得成功。

当然，以上变化也意味着TikTok已经开始了跨文化传播，这就要求TikTok跨境电商的从业者注意以下几个方面。

## 1. 文化敏感度

不同国家和地区有着不同的文化背景、价值观和习惯。

TikTok跨境电商从业者在跨文化传播时需要尊重并理解当地的文化，深入了解目标用户的文化特点，避免触及敏感话题或冒犯当地用户。

### 2. 语言适应性

在跨文化传播中，语言是沟通的关键。TikTok跨境电商从业者需要考虑到不同国家和地区用户的语言偏好，提供多语言的内容和服务，或者通过翻译工具实现内容的多语言推送，以提高用户的接受度和参与度。

### 3. 内容定制化

不同文化背景的用户对于内容的偏好和需求有所不同。TikTok跨境电商从业者需要根据目标用户的特点，定制符合当地口味和文化氛围的内容，创作有吸引力和影响力的营销内容。

### 4. 社会价值观

跨文化传播中需要考虑到不同国家和地区的社会价值观和道德标准。TikTok跨境电商从业者应该避免发布可能引起争议或不符合当地社会道德观念的内容，保持社会责任感和公共形象，避免给品牌带来负面影响。

## 5. 本地化运营

　　在跨文化传播的TikTok市场中，本地化运营是至关重要的。TikTok跨境电商从业者需要在主要经营地域建立当地团队或招募当地合作伙伴，了解当地市场环境和用户需求，及时调整和优化营销策略，实现更精准的目标用户定位和内容推送，提升品牌的市场影响力和竞争力。

## 6. 跨境合作与交流

　　在进入新的国际市场时，TikTok跨境电商从业者需要与当地政府、企业和机构进行合作，了解当地法律法规和市场环境，避免出现法律风险和社会问题；还可以通过与国际企业和媒体合作，实现资源共享和互惠互利，共同推动品牌在国际市场中的发展。

　　以上六点，看起来已经足够让人苦恼，但在实际操作过程中，肯定会遇到更多需要反复调整以适配国际市场的地方，文化差异、消费习惯、法律法规等都可能成为潜在的挑战。为了更好地适应国际环境，不仅需要对目标市场进行深入的研究，更需要构建出国内和国外两个版本的用户画像。这两种用户画像在团队的企业资源库中应该占据重要的地位，因为它们为团队提供了关于目标客户群体的深入理解和精准定位。国内用户画像能够帮助团队稳固本土市场，确保产品和服务能够满足国内消费者的需求和期望；而国外用户画像则是打开国际市场的关键，它让团队能够更准确地把握国外消费者的心理和行为习惯，从而调整策略，以更合适的方式推广产品和服务。

面对TikTok如此迅速的发展，我们当然可以提前准备一些措施，比如在自己的团队里添加多语言方面的人才，或是花一些成本做好跨境支付功能。当然，如果你做的事情是与文化、语言强相关的，也可以聘请留学生作为员工，这样效率会高很多。

# 02 情报基地——用TikTok收集全球市场一手信息

　　无论做哪一行，都要重视"信息差"，如果你想做好生意，对于优质且准确的信息的嗅觉就显得尤为重要。作为一个以短视频为主要表现形式的社交平台，TikTok对零售行业（如服装、美妆、食品等）有巨大的吸引力和市场潜力。

　　并且，虽然TikTok以娱乐为主，但也逐渐成为教育和传播知识的平台，语言学习、科学知识、历史文化等领域的内容在TikTok平台上也有着一定的受众群体。通过在TikTok平台上发布有趣、生动的教学内容，教育机构或个人可以吸引更多年轻用户的关注，并传播知识和技能。

　　在数字化时代，社交媒体已成为商家获取市场信息和推广产品的重要渠道。浪潮是势不可挡的，TikTok作为全球最受欢迎的社交平台之一，在塑造文化、引领潮流方面的影响愈发显著。商家不仅要关注流行趋势，还要学会灵活运用这些趋势来创造商机。现在，我们就来看看，应该怎样把TikTok变成我们的"信息收集器"，从而让我们拥有对全球市场的洞察力。

TikTok作为一个拥有全球亿万用户的社交平台，每天都会产生大量的UGC（User Generated Content，用户生成内容），其中包含了丰富的市场信息和消费者行为数据。商家可以通过分析TikTok平台上的用户内容和互动行为，深入了解不同国家和地区的消费趋势、产品偏好和市场需求，从而及时调整和优化自己的产品和营销策略。

如果你学过一些数据分析，就可以借用TikTok进行趋势预测和市场预警。TikTok是一个信息传播速度快、传播范围广的社交平台，通过分析TikTok平台上的热门话题、话题标签和用户互动情况，你可以及时发现和传播各种新的消费趋势和市场变化，从而灵活调整自己的经营策略，抢占市场先机。

抢占市场先机不仅仅是跟风卖货，更是利用好当下的热点，巧妙地"蹭热度"，比如，当TikTok平台上出现了流行歌曲或流行文化的趋势时，商家可以通过以下方式利用这些趋势推出产品。

### 1. 合作推广

商家可以与流行歌曲或流行文化的创作者或相关社交媒体达成合作，共同推出联名产品或限量版产品。比如，一些服装品牌可能与知名音乐人合作推出与其发行专辑相关的时尚服装系列，或与TikTok平台上流行的舞蹈挑战活动合作推出相关周边产品。如果商家的团队体量比较小，可以选择给短视频加上相关话题标签。

### 2. 定制化产品

商家可以根据流行歌曲或流行文化趋势的主题和特点，推出定制化产品。比如，当某首歌曲的歌词或MV中出现了特定图案或元素时，商家可以推出相应的定制化产品，如T恤、饰品或文具等，以满足用户对于特定文化趋势的追捧和表达。人们在TikTok平台上购买商品，大多数都是因为好奇和跟风的双重驱使，如果你懂得蹭热度，那么每一个有商业价值的热点都不应该放过。

### 3. 限时促销活动

限时促销活动其实和定制化产品的逻辑差不多，都是合作推广之外的"间接推广"，可以利用流行歌曲或文化趋势举办限时促销活动，吸引用户参与和购买。比如，某首流行歌曲的MV中出现了某个特定场景或道具，企业可以在限时促销活动中赠送与该场景或道具相关的礼品或优惠券，鼓励用户购买相关产品。

当然，你也可以通过在线调研等方式，直接向消费者收集反馈和意见，比如通过在公司网站、社交媒体平台或第三方调研网站发布问卷调查，了解消费者对产品特性、价格、促销活动等方面的看法和偏好。你还可以通过客户服务渠道收集消费者的投诉、建议和意见，比如通过电话、邮件、在线聊天等方式与消费者进行沟通，了解他们的购买体验和反馈意见，并及时做出回应和解决方案。

如果你想进一步了解消费者的心理，可以组织消费者访谈和焦点小组，深入研究他们的购买动机、行为习惯和偏好；通过邀请一些核心用户参与访谈或小组讨论，获取更深层次的消费者心理报告。你还可以提供产品试用或体验活动，让消费者亲自体验产品，并提供反馈意见；或者通过赠送样品、举办活动等方式，让消费者直接参与产品的开发和改进过程。

# 03 电商世界——扩大你的商业版图

　　前面，我们探讨了TikTok的全球化及在收集信息方面的潜力，而在这最后一节里，我们将回应第5章曾经提到的"赛道选择"。当你开始思考"如何扩大自己的商业版图"时，恭喜你，你将涉足更多的领域了，并且随着TikTok的不断发展壮大，你未来的业务可能性也会日益丰富。那么，在TikTok跨境电商世界，应该如何做到将自己的赛道分出多条呢？

　　我们先来了解一下TikTok能够很好支撑多赛道的原因。TikTok具有强大的社交属性，用户之间的互动和分享是其核心特点之一。未来，TikTok跨境电商有望进一步发展社交化购物体验，通过用户间的分享和推荐，提高产品的曝光度和销售量。通过在TikTok平台上进行跨境电商推广，企业可以更轻松地进入国际市场，实现全球化发展。在拓展TikTok商业版图的过程中，企业可以采取逐步扩大业务范围的策略，逐渐壮大规模并进入不同领域。

从商业角度分析，扩大赛道主要有以下几种思路。

## 1. 产品线扩展

产品线扩展是指在已有产品线的基础上，推出新的产品或产品系列，以满足不同市场细分需求或拓展新的市场领域。如果你原本以短视频内容为主，为了扩展产品线，你可以推出长视频内容或直播栏目，满足不同用户对视频内容和时长的多样化需求。

## 2. 市场多元化

市场多元化是指企业将业务范围扩展到新的市场领域或行业，以减少对单一市场的依赖，降低市场风险并寻求新的增长机会。TikTok起初在年轻人市场中受到欢迎，为了拓展市场，逐渐推出了针对不同年龄层或兴趣群体的定制化内容。比如，商家可以推出面向中老年人的健康生活、养生知识类短视频，或面向特定行业用户的专业知识分享短视频，从而吸引更广泛的用户群体。

### 3．垂直整合

垂直整合是指企业通过收购或建立上下游业务，实现整个产业链的控制和优化。这样不仅能提升用户体验，还能通过控制产业链的关键环节，提高生产效率和市场竞争力。TikTok这个平台本身就深谙此招，通过收购或建立自己的音乐库、特效库等创意资源，为用户提供更丰富的创作素材，同时保障创作者的著作权利益。

### 4．供应链管理

供应链管理是指企业通过优化供应链中的各个环节，包括原材料采购、生产制造、物流配送等，实现资源的高效利用和降低成本。同样以TikTok这个平台本身为例，为了提高内容传输速度和降低运营成本，TikTok优化了系统对短视频内容的存储、编码和分发流程，通过与CDN（Content Delivery Network，内容分发网络）服务商合作或自建CDN，实现了全球范围内的高效内容传输，缩短了视频加载时间，优化了用户体验。

## 5. 建立战略合作伙伴关系

建立战略合作伙伴关系是指企业与其他组织或企业建立长期稳定的合作关系，共同开发新产品、进入新市场或共享资源，以实现双方的战略目标。比如，我们经常能看到的各类联名活动、跨界达人的"合体"，多家公司的相互合作，都是在基本资源已经稳定之后进行的资源交换，能获得"1+1＞2"的效果。

以我们常看到的美妆品牌企业为例，以下是一种可能的发展路径。

一开始，该企业可能只专注于销售化妆品等与美妆相关的产品，利用TikTok平台的广泛用户群体和强大的内容传播能力，通过发布有吸引力的化妆教程和产品试用短视频，吸引用户关注和购买。如果企业运营得当，在这个阶段可以很好地建立品牌知名度和粉丝基础，培养用户对产品的信任度和忠诚度。

等到美妆产业稳定之后，企业可能会发现，这个领域的蛋糕永远只有那么大，做得再好可能也没办法分到更多的蛋糕。于是，随着品牌的发展壮大和用户基础的扩大，企业可以逐步拓展业务范围，进入护肤品领域。护肤品不仅与化妆品在美妆行业中相辅相成，还是许多用户日常护理的必需品，有着广阔的市场需求。通过在TikTok平台上推广护肤品，并结合用户的需求和反馈，企业可以打造出适合不同肤质和年龄段用户的护肤品系列，并且通过与化妆品的搭配销售和品牌的推广，进一步提升品牌的影响力和市场份额。

随着业务规模的不断扩大，企业可以考虑建立自己的生产工厂，提高产品的生产效率和质量控制水平。拥有自己的工厂可以降低生产成本，提高产品竞争力，还能够更好地满足市场需求，灵活调整产品品种和生产规模，提高企业对市场变化的应对能力。在建立稳定的生产基础后，企业可以开始探索向艺术行业供应产品的可能性。比如，推出适合艺术创作者使用的特殊化妆品，或提供与艺术创作相关的定制化服务，满足艺术家对于美感和创造力的追求，拓展新的市场空间。艺术行业对于颜料、画笔、画布等相关用品的需求量巨大，而这些产品的基础成分与生产设计思路也和化妆品行业类似，市场潜力巨大。接着，就是重复最开始的行动，把旗下的品牌支线做成"矩阵账号"，利用TikTok平台的品牌影响力拓展新的销售渠道和市场份额。

如果企业不满足于艺术行业，那么，当下社会的游戏、娱乐产业也是一个庞大的市场，拥有大量的年轻用户和粉丝群体。企业可以通过建立战略合作伙伴关系，将自身产品与游戏、娱乐产业合作，推出专属于游戏玩家、明星粉丝的特别版产品或礼包，以吸引更多人关注和购买。